*Dem Andenken Friedrich Bestehorns und Richard Hoffmanns gewidmet
und den Bauleuten, die die Potsdamer
Stadtarchäologie gefördert haben.*

Inhalt

POZTUPIMI – POTSTAMP – POTSDAM

Horst Geisler / Klaus Grebe

POZTUPIMI – POTSTAMP – POTSDAM

Ergebnisse archäologischer Forschungen

BRANDENBURGISCHES LANDESMUSEUM
FÜR UR- UND FRÜHGESCHICHTE
POTSDAM 1993

Gedruckt mit Fördermitteln des Ministeriums für Wissenschaft, Forschung und Kultur des Landes Brandenburg

Titel: Potsdam-Tornow. Schatz des 11. Jh.

Rücktitel: Potsdam-Babelsberg. Brakteat zur Stadterhebung, 1938

ISBN 3-910011-03-9

Copyright 1993
Herausgegeben vom Brandenburgischen Landesmuseums für Ur- und Frühgeschichte, Potsdam
Gesamtgestaltung: Detlef Sommer, Potsdam
Satz und Druck: Märkische Verlags- und Druck-Gesellschaft mbH Potsdam

Vorwort

Üblicherweise stehen Stadtjubiläen in Zusammenhang mit sogenannten Stadtgründungen. Als Gründungsurkunde wird hierbei die Verleihung des Stadtrechts angesehen. Legt man nun für Potsdam diesen Maßstab an, dann müßte jede Form eines Stadtjubiläums entfallen. Wir kennen weder Jahr noch Monat oder Tag, wann Potsdam Stadtrecht bekam. Sicher ist nur, daß dieses vor 1304, vermutlich irgendwann im 13. Jh., geschah.

Auch die Ersterwähnung aus dem Jahre 993, die Anlaß für die „1000-Jahr-Feier" ist, hat natürlich ihre Tücken. Sie schildert uns die slawische Burg Poztupimi als bereits bestehend, ihr tatsächliches Alter ist demnach keinesfalls mit 993 gleichzusetzen und allein mit archäologischen Methoden zu ermitteln. Für die slawische Burg ist nur allgemein festzuhalten, daß ihre Entstehung in das 9. Jh. fällt.

Warum also, so könnte man sich fragen, ein Stadtjubiläum? Diese Frage ist sicherlich nicht vom Archäologen zu beantworten. Es fällt aber auf, daß auch andere Städte in Deutschland – vornehmlich solche mit römischer Vergangenheit wie Trier oder Bonn – Anlaß und Zeitpunkt ihrer Ersterwähnung gedenken. Die chronistische Zunft der Archäologen und Historiker nutzt diesen Moment, hofft sie doch, die Öffentlichkeit zu informieren, Interesse für die Vergangenheit zu wecken und für den Erhalt der häufig bedrohten Zeitzeugen zu sensibilisieren. Auch die Schrift von *Horst Geisler* und *Klaus Grebe* verfolgt die genannten Ziele. Denkmale, gleich ob Bau- oder Bodendenkmale, wirken als historische Orientierungsanker; sie sind Teile unserer Identität und ihr Verlust führt zur Identitätskrise. Diese Mahnung gilt auch über das Festjahr 1993 hinaus und muß keinesfalls im Gegensatz zur zukünftigen Entwicklung Potsdams stehen.

„Pots1000" war auch für *Horst Geisler* und *Klaus Grebe* Anlaß, die archäologischen Forschungen in Potsdam und seiner näheren Umgebung einer ersten Sichtung zu unterziehen und zu beschreiben. Auch zunächst unscheinbare Erkenntnisse, die etwa bei Baustellenbeobachtungen ermittelt werden, bekommen so ihre historische Dimension und erweisen sich als wertvolle Bausteine eines geschichtlichen Gesamtbildes. Dort, wo Bodenbewegungen archäologische Quellen bereits zerstört haben, ohne daß die notwendigen Rettungsgrabungen durchgeführt werden konnten, bleibt das Bild lückenhaft, es ist nicht mehr zu rekonstruieren. Umso wichtiger muß es sein, pfleglich mit den noch vorhandenen archäologischen Quellen umzugehen. Die vorliegende Schrift sollte deshalb auch dem Magistrat und den zuständigen Ämtern der Stadtverwaltung und weiteren Trägern öffentlicher Verantwortung Entscheidungshilfen geben. Es ist zu hoffen, daß auch die „Keimzelle" Potsdams, das Gelände der alten Burg, im Erscheinungsbild hiervon profitiert.

Die Sorge und Verantwortung um die untertägigen archäologischen Quellen ist vor allem mit den Namen *Richard Hoffmann* und Dr. *Friedrich Bestehorn* verbunden. Ohne ihr jahrzehntelanges Wirken unter erheblich schlechteren

Bedingungen, als sie heute vorliegen, wären große Zeitabschnitte in der Entwicklung Potsdams für uns quasi geschichtslos. An ihre Leistungen soll diese Schrift erinnern.

Jürgen Kunow
Landesarchäologe von Brandenburg

Einleitung

Am 3. Juli 1993 feiern wir das tausendjährige Jubiläum der urkundlichen Ersterwähnung Poztupimis – Potsdams, wohl wissend, daß der Mensch in dieser Gegend schon viel länger siedelte. Seit der slawischen Zeit, in die die Ersterwähnung des Ortes fällt, vollzog sich bis zum heutigen Tag eine durchgehende Entwicklung. Das betrifft die Einwirkungen auf die Umwelt, die Zuwanderung und Lebensweise der Bevölkerung, die Entwicklung der Wirtschaft und der Siedlungstopographie. Die Besiedlung des Potsdamer Raumes geht im Altstadtbereich mit Sicherheit bis in das 9. Jh. zurück, im Bereich der großen Potsdamer Insel sogar bis in das 7./8. Jh., als andere Zentren die führende Rolle spielten. Die urgeschichtliche Besiedlung läßt sich aber bis zu den nacheiszeitlichen Jägern, die an der Nuthe den Ur erlegten, zurückverfolgen. Das vorliegende Heft gibt erstmals nach dem am Ende der dreißiger Jahre erschienenen Buch von *Friedrich Bestehorn* über die „Deutsche Urgeschichte der Insel Potsdam" einen kleinen Einblick in die Bemühungen und Ergebnisse von Heimatforschern und Archäologen; denn es fehlt bisher die detaillierte Auswertung eines umfangreichen Materials an Ausgrabungen und Beobachtungen zur ältesten Geschichte unserer Stadt, niedergelegt in Berichten, Plänen, Zeichnungen und Fotos, die im Fundarchiv des Landesmuseums für Ur- und Frühgeschichte in Potsdam 53 Aktenordner füllen. Dazu gehören viele Regale mit archäologischen Funden vom Skelett des Ur-Stieres am Schlaatz bis zum Gedenkbrakteaten zur Stadterhebung von Babelsberg. Den Hauptanteil an dieser Arbeit, deren Beginn im 18. Jh. liegt, hatten die Potsdamer Heimatforscher *Friedrich Bestehorn* und *Richard Hoffmann*, die sich seit 1910 immer intensiver der Erforschung der Vergangenheit ihrer Heimatstadt widmeten. Mancher Wissenschaftler verdankt ihnen wertvolle Anregungen für die eigene Arbeit. Das Jubiläum sollte für die Stadt Potsdam Anlaß sein, endlich einen Stadtarchäologen einzusetzen, der das Erbe *Friedrich Bestehorns* und *Richard Hoffmanns* allen zugänglich macht und ihre Arbeit weiterführt.

Der Name

Lange wurde über die Bedeutung des Ortsnamens gerätselt. Heute neigt man zu der Auffassung, daß die bisher bekannte Erklärung, „Poztupimi" bedeute „Unter den Eichen", wissenschaftlich nicht vertretbar sei, das gleiche gilt für den Versuch, den Ortsnamen aus „Bootsdamm" abzuleiten. Die Fachwissenschaftler halten zwei Ableitungen für die wahrscheinlichsten. Die erste wäre, den Namen Poztupimi von dem slawischen Personennamen „Poztangpimi" herzuleiten. Das „u" in Poztupimi wurde „ang" gesprochen. Das „i" am Ende drückt den Besitz aus, so daß der Name mit „Ort des Poztangpim" übersetzt werden kann. Im weiteren Verlauf der sprachlichen Entwicklung wurde der Ortsname zu Potstamp und Potsdam abgeschliffen. Eine zweite Erklärungsmöglichkeit wäre „bei oder unter der Stupe". Stupe ist auf urslawisch „stop" = Stampfe oder mittelniederländisch „stupe" = Vorsprung ins Wasser zurückzuführen. Tatsächlich gibt es 5 km oberhalb Potsdams den Gewässernamen „Stupe", ein Name, der zur Kennzeichnung eines Fischzuges in den Jahren 1590 und 1704 belegt ist. Die Namensforscher plädieren nunmehr für die erste Lösung, also „Ort des Poztangpim". Vielleicht sollten wir ehrlicherweise schlicht und einfach zugeben, daß nicht alle Fragen immer eine Antwort finden.

Die Urgeschichte

Vor 10000 Jahren durchstreiften bereits Menschengruppen, die von den Erträgen der Jagd, des Fischfangs und des Sammelns von Wildpflanzen und -früchten lebten, die durch die Eiszeiten abwechslungsreich gestaltete Landschaft an Havel und Nuthe. Günstige Rastplätze fanden sie auf dem Kaninchenberg und auf anderen Sandkuppen sowie an den hochwasserfreien Rändern des von den Mäanderschlingen und Totarmen der Nuthe durchzogenen Tales. Untrügliche Zeichen ihres Aufenthaltes sind die Zeugnisse ihrer Geräteherstellung. Zahlreiche Abschläge, Kernsteine, Halbfabrikate und fertige Kleinstgeräte – sogenannte Mikrolithen – aus Feuerstein beweisen ihre große Geschicklichkeit im Umgang mit dem spröden Material (Abb. 1). Seltener sind größere Beile aus Feuer- oder Felsgestein (Abb. 2).

Unglaubliches Glück für die archäologische Forschung bedeutete der Fund der Skelettreste eines Ures 1984 bei der Anlage von Gräben für das Neubaugebiet Potsdam-"Schlaatz" in der westlichen Nutheniederung. Die wissenschaftliche Auswertung der im Verlauf einer sofortigen Rettungsgrabung durch Potsdamer Archäologen gesicherten Funde und Befunde durch Spezialisten mehrerer Fachgebiete ergab, daß es sich um die Reste eines in der ersten Hälfte des 9. Jahrtausends v.u.Z. erlegten Ures (Bos primigenius) handelte. Der Ur-Stier war sieben bis acht Jahre alt und hatte eine Widerristhöhe von 165 bis 170 cm. Der oder die Jäger hatten ihre offenbar im Spätsommer erlegte

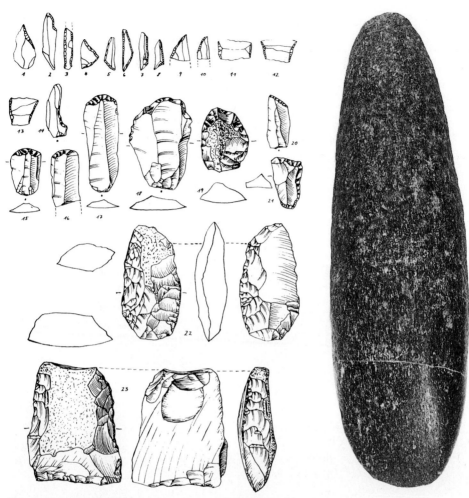

Abb. 1: Mesolithische Feuersteingeräte vom Schlaatz. 1—14
Mikrolithen, 15—21 Schaber, Kratzer, 22, 23 Großgeräte

Abb. 2: Mesolithisches Walzenbeil aus Babelsberg

Jagdbeute am Ort des Verendens, einem Totarm der Nuthe, ausgeweidet, zer-
teilt und die besten Körperpartien mit den höchsten Fleischanteilen zum
Wohnplatz abtransportiert. Dazu gehörten die Extremitäten und Teile des
Brustkorbes. Zurück blieben der Schädel, jedoch ohne Zunge, und die vorde-
ren Wirbel mit Teilen der Rippen. Diese noch im ursprünglichen Verband
befindlichen Körperteile wurden offenbar sehr bald durch ein Nuthehochwas-
ser in Schwemmsand eingebettet, so daß Menschen und Tiere keinen Zugang
mehr hatten. Dadurch blieben uns die Skelettreste dieser Körperpartien erhalten (Abb. 3). Neben den Tierknochen gefundene Feuersteingeräte mit ihren
Abnutzungsspuren und die Schnittmarken an den erhaltenen Knochen weisen
darauf hin, daß wir wirklich einen Platz vor uns haben, an dem die Jäger das

11

1

2

Abb. 3: 1 Skelettreste des Urstieres vom Schlaatz in Fundlage, 2 Schädel des Urstieres

erlegte Wild zerteilten.
Mehr als 5000 Jahre später konnten in der Jungsteinzeit die ersten Bauern bei
Fleischbedarf auf Tiere aus der eigenen Viehhaltung (Rind, Schwein, Schaf,
Ziege) zurückgreifen. Für die zweite Hälfte des 4. Jahrtausends v.u.Z. ist die
Anwesenheit von Bauern im Stadtgebiet von Potsdam nachgewiesen. Auf der
Talsandinsel, auf der später die Potsdamer Burg bzw. das Schloß standen, in

1

2

Abb. 4: Beigaben des Grabes der jungsteinzeitlichen Kugelamphorenkultur aus der Schiffbauergasse. 1 Becher und Kugelamphore, 2 Feuersteinmeißel und -beil

der Kolonie Daheim und dem „Beetzwinkel", beiderseits des Nuthetales sowie in Bornim auf dem „Priesteracker" und am Schrägen Weg erhoben sich in den Dörfern die einfachen Pfostenbauten mit lehmverputzten Flechtwerkwänden, von denen noch die Gruben der Pfosten, Herdstellen, Vorrats- und Abfallgruben mit der zerscherbten Keramik sowie mit Speise- und Produktionsabfällen erhalten geblieben sind.

Am „Heineberg" in Bornim, in der Schiffbauergasse und in der Albert-Klink-Straße 2 in Potsdam bestatteten jungsteinzeitliche Bauern ihre Toten in Hocklage und statteten sie für das Leben im Jenseits mit Speisebeigaben in Tongefäßen und mit Geräten wie Äxte, Beile und Meißel aus (Abb. 4). Daß sich unter den Menschen der sogenannten Kugelamphorenkultur im 3. Jahrtausend v.u.Z. hervorragende Chirurgen befanden, zeigt die verheilte Narbe einer geglückten Schädeloperation des Toten aus der Albert-Klink-Straße (Abb. 5). Bei dieser Trepanation entfernte man ein Stück der Schädeldecke durch Schaben mit Feuersteinklingen.

Über das ganze Stadtgebiet verteilen sich die Fundplätze einzelner Äxte und Beile aus Felsgestein (Abb. 6) sowie Beile, Pfeilspitzen und andere Kleingeräte aus Feuerstein. Neben verlorenen Stücken dürfte es sich dabei auch um Objekte aus nicht erkannten Bestattungen handeln.

1000 Jahre v.u.Z., in den Jahrhunderten der jüngeren Bronzezeit, nutzten die Menschen das heutige Stadtgebiet intensiv. Hinweise auf Siedlungen in Form von Kulturschichten, Pfostenspuren und Siedlungsabfällen stammen aus dem Bereich der Türk-, Kleinen Fischer-, Heilig-Geist- und Burgstraße (Abb. 7). Dazu gehören wohl auch die zwischen dem Burgwall und dem Stadtkanal aus

Abb. 5: Jungsteinzeitliche Bestattung aus der Albert-Klink-Straße 1/2 mit operativ geöffnetem Schädel (Trepanation)

1   2

Abb. 6: Jungsteinzeitliche Felsgeräte. 1 aus der Havel am slawischen Burgwall, 2 Bornstedter Feld

1   2

Abb. 7: Bronzezeitliche Siedlung im Bereich Heilig-Geist-Straße. 1 Herdstelle, 2 Siedlungsgefäß

der Havel gebaggerte bronzene Sichel (Abb. 8) und die Axt sowie das Beil aus Felsgestein. Weitere Siedlungen gab es auf dem Kiewitt, der Unteren Planitzinsel, am Heidereiterweg, in Bornim, Bornstedt, Nedlitz (Am Weißen See), Sacrow (Medehorn) und Drewitz (Schäferfichten, Neuer Friedhof und Nuthetal).

Nachrichten über jungbronzezeitliche Urnenfunde aus Potsdam gehören zu den ältesten Aufzeichnungen über „vaterländische Alterthümer" in der Mark Brandenburg. Schon im 18. Jh. u.Z. wurden Urnen in der Nähe des Neuen Palais, am Heiligen See und vor dem Berliner Tor gefunden. Letztere gehören wohl zu dem Urnenfeld in der Berliner Straße, auf dem 1903 neben einfachen Gräbern eine Grabanlage in Form einer großen schiffsförmigen Steinpakkung von 2,70 m Länge und 1,6 m Breite freigelegt wurde, die in einer Urne mit Deckschale die verbrannten Knochen des Toten und zerschmolzenen Bronzereste und daneben zwei erhaltene Beigefäße und Scherben weiterer

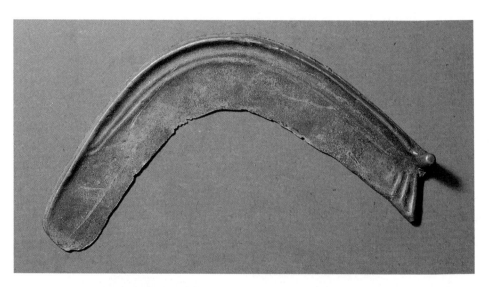

Abb. 8: Bronzene Sichel aus der Havel

Gefäße enthielt (Abb. 9; 10). Aus den Gräbern von der östlichen Seite des Alten Marktes stammen als Beigaben bronzene Nadeln, Ringe und Spiralen. Der Eintiefung eines slawischen Körpergrabes fiel hier eines der jungbronzezeitlichen Brandgräber zum Opfer. Schon vor 1910 zerstörte man durch Rigolen am „Heineberg" bei Bornim mehr als 200 Urnen, die z.T. in Steinpackungen standen, und den aus Lehm und Steinen errichteten Verbrennungsplatz – die Ustrine.

Mindestens 100 Jahre älter ist ein in seiner Deutung umstrittener Fund vom Kasernengelände östlich der Nedlitzer Straße. In einer brunnenähnlichen Anlage (Quellzisterne?) befand sich in schräger Bauchlage das Skelett eines Menschen mit je einem bronzenen Arm- und Fingerring (Abb. 11). Mit großer Wahrscheinlichkeit handelt es sich um einen Unfall beim Wasserschöpfen, bei dem die verunglückte Person in der dadurch verunreinigten Wasserstelle belassen wurde. Oder starb die Person bei einem Überfall und wurde auf diese Weise beseitigt? Die Bestrafung von Übeltätern durch Ertränken wurde gewöhnlich nicht in den lebensnotwendigen Brunnen, sondern in Mooren vollzogen. Funde von gezielt angelegten Schächten mit bewußt geopferten Menschen und Tieren aus der ersten Hälfte des ersten Jahrtausends v.u.Z. lassen aber auch für diesen Befund einen kultischen Anlaß – Opfer an eine Erdgottheit – nicht ausschließen.

Das bekannteste archäologische Bodendenkmal, der „Königswall", im Volksmund auch „Römerschanze" genannt, im Königswald bei Sacrow entstand in der jüngeren Bronzezeit (etwa 1000–700 v.u.Z.). Die mächtige, aus Holz und Erde errichtete Wallanlage am Ostufer des Lehnitzsees diente vermutlich als Sitz eines Stammesführers sowie zum Schutz und zur Kontrolle eines Übergangs über die Seenrinne in Form einer Furt oder Brücke. Sie könnte auch ein

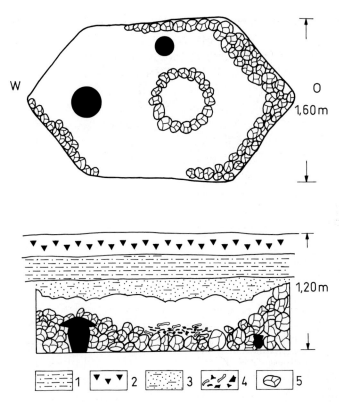

Abb. 9: Bronzezeitliches Grab aus der Berliner Straße. Planum und Profil. Legende: 1 Sand und Humus, 2 später aufgefüllter Schlackenboden, 3 Sand mit wenig Humus, 4 Brandreste und Knochenlager, 5 Steine

Abb. 10: Gefäßbeigaben aus dem bronzezeitlichen Grab in der Berliner Straße

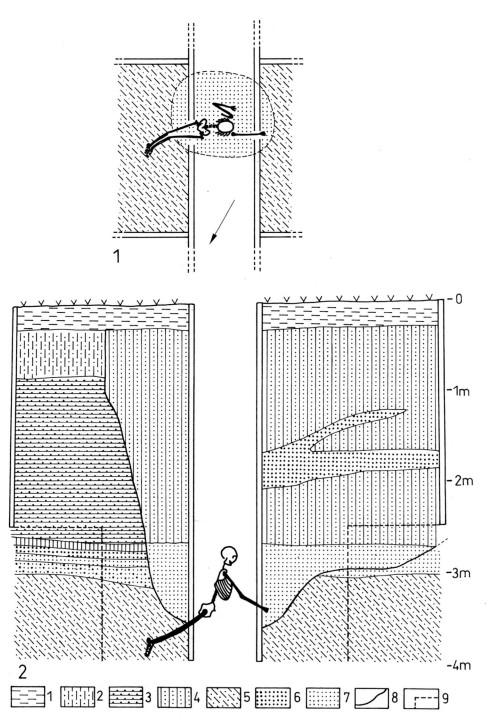

Abb. 11: Profil der Quellzisterne bei Nedlitz mit Skelett. 1 Planum, 2 Profil. Legende: 1 Acker-boden, 2 lehmiger Sand, 3 geschichtete Kiese, 4 Lehm und Sand, 5 feine Tone und Sande, 6 Kies, 7 Sand, 8 Grubenrand, 9 nicht untersucht

Abb. 12: Bronzenes Griffzungenschwert aus der Hard am Tornow

regionales Kultzentrum gewesen sein (vgl. S. 24 ff.).

Zu den bronzenen Einzelfunden bzw. den alten Stücken ohne genauen Fundort gehören das Schwert aus der Havel zwischen Kiewitt und Tornow (Abb. 12), ein Flachbeil vom Neuen Friedhof, ein Dolch aus dem Lehnitzsee bei der „Römerschanze", ein Tüllenbeil aus Babelsberg sowie weitere Beile und Nadeln.

Das erste Jahrtausend v.u.Z. endet mit einigen Jahrhunderten mit geringem Fundniederschlag. Nur sechs Stellen erbrachten Scherben, die von Siedlungsplätzen der ältesten Germanen aus der vorrömischen Eisenzeit stammen können. Die Lokalisierung des Urnenfeldes aus Babelsberg war nicht möglich. Gut ausgestattete Urnen kamen auch am Stadtrand am „Entenfängerteich" im Wildpark zutage. Aus dem Beginn dieser Zeit stammt der bedeutende Hortfund aus Bornim, der 1957 in einer Abfallgrube einer Siedlung freigelegt wurde (Abb. 13). Zwei schwere bronzene Hohlwulstringe lagen übereinander auf einem verzierten Tongefäß, das als weitere Schmuckstücke eine Perle aus Knochen und einen Armring aus Bronze, ein Gehänge kleinerer Ringe und

Abb. 13: Eisenzeitlicher Schatzfund von Bornim

einen Halskragen enthielt. Die an Kettchen hängenden Klapperbleche des Halskragens verraten, daß er kein einheimisches Produkt, sondern ein Import aus dem alpinen Hallstattkreis ist. Ohne Zweifel hatte man hier den Schmuck einer wohlhabenden Frau vergraben. Widrige, uns unbekannte Umstände verhinderten seinerzeit die Bergung, so daß er uns erhalten blieb.

Vor rund 2000 Jahren nach der Zeitwende fiel das Licht der Geschichtsschreibung auch auf die Mark Brandenburg und das Gebiet von Potsdam. Aus der „Germania" des römischen Schriftstellers Tacitus erfahren wir, daß im Havelgebiet die Semnonen, der „älteste und edelste" Stamm der elbgermanischen Sweben, lebten. Die Siedlungen des 1./2. Jh. u.Z. standen an der Nuthe, an der Nedlitzer Brücke und auf dem „Priesteracker" in Bornim. Urnenfriedhöfe befanden sich auf dem ehemaligen Golfplatz in Nedlitz und in der Pirschheide. In den formschönen schwarzen Situlen mit der typischen Rädchenverzierung (Abb. 14) erscheinen neben einheimischen Schmuck- und Gebrauchsgegenständen als Beigaben auch solche aus dem römischen Imperium. Eine Fibula (Brosche) (Abb. 15,1), ein Glasfläschchen, der Griff mit Widderkopf einer bronzenen Kasserolle (Abb. 15,2), ein Gürtelbeschlag mit Nielloverzierung (Abb. 15,3) und ein Gefäßhenkel (Abb. 15,4) beweisen die Beliebtheit dieser Importe. Das Prunkstück ist eine bronzene Kanne aus Bornim (Abb. 16). Auf geistige Einflüsse aus dem römischen Bereich geht auch die 1896 in Bornim gefundene „Fensterurne" zurück (Abb. 17). Hier hatte man Scherben römischer Glasgefäße in die Wandung einer einheimischen Schalenurne eingefügt. Der Fundplatz einer römischen Kupfermünze blieb bisher unbekannt.

Im 3./4. Jh. u.Z. gab es große Dörfer auf dem „Beetz" und dem „Baberow" am Nuthetal in Babelsberg. 1921 wurden dort Hausgrundrisse von 20/25 x 8 m, Vorratshäuser, Herde, drei Backöfen, Abfallgruben mit Scherben, Spinnwirtel, Wetzsteinen, Webgewichten, Netzsenker und Knochen der Haustiere ausgegraben. In der Siedlung an den Nedlitzer Brücken konnte ein Eisenschmelzofen freigelegt werden. Von hier stammen auch die jüngsten germanischen Funde des Potsdamer Gebietes aus dem 5. Jh.

Abb. 14: Germanische Keramik von Dallgow-Döberitz, Fahrland, Kemnitz, Nedlitz

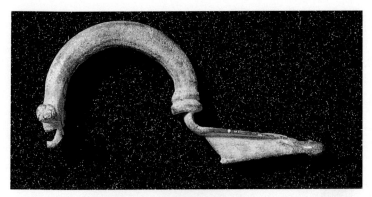

1

2

3

4

Abb. 15: Römische Funde. 1 bronzene Fibel aus Nedlitz, 2 abgebrochener Griff mit Widderkopf einer bronzenen Kasserolle, 3 bronzener Gürtelbeschlag mit schwarzer Nielloverzierung, 4 Teil eines bronzenen Gefäßhenkels, 2−4 aus der Pirschheide

Abb. 16: Römische Kanne aus Bornim

Abb. 17: Bornim. „Fensterurne" mit römischen Glasscherben (weißer Fleck in Schulterhöhe)

Die slawische Frühgeschichte

Vor anderthalb Jahrtausenden wanderten slawische Bevölkerungsgruppen, von Südwesten der Elbe folgend und von Osten her aus dem polnischen Flachland, in das Havelland ein. Ihre Siedlungen legten sie beiderseits der Havel und ihrer Nebenflüsse an. An den Niederungsrändern in der Nähe von Eichenmischwäldern, auf sandigen Anhöhen in Wassernähe zwischen Erlen- und Birkenwäldern sowie auf Inseln in der Havel standen ihre schilfgedeckten Hütten. Es handelte sich vornehmlich um Blockbauten, aber auch um Pfostenbauten mit Flechtwerkwänden. Die Slawen waren Ackerbauern und Viehzüchter. Die wasser- und waldreiche Gegend brachte es jedoch mit sich, daß vor allem der Fischerei, aber auch der Jagd noch ein beachtlicher Anteil am Nahrungserwerb zukamen.

Die Einwanderung vollzog sich im 6. und 7. Jh., und es waren verschiedene Stämme daran beteiligt. Die ersten slawischen Einwanderer kamen aus Böhmen. Sie errichteten in Rundlingsdörfern einräumige eingetiefte Hütten von etwa 10 m^2 Grundfläche mit einem Steinofen in der Nordwestecke. Ein Haus dieser Art wurde in Brandenburg (Havel) gefunden. Ihre Toten verbrannten sie und setzten sie in Urnen bei, von denen wir einige bei Fahrland (Abb. 18), Fernewerder, Götz und Prützke fanden. Ein oder zwei andere slawische Gruppen, die ebenerdige Blockbauten und teilweise eingetiefte Pfostenbauten errichte-

Abb. 18: Frühslawische Urne von Fahrland aus dem 7. Jh.

ten, kamen aus dem Raum östlich der Oder. Neben einigen Siedlungen entstanden bereits kleine Rundwälle als Herrensitze oder zum Schutz vor Überfällen. Im späten 7. Jh. vollzog sich mit der Einwanderung einer weiteren gut organisierten und kriegerischen Gruppe ein entscheidender Wandel. Sie besaß eine entwickeltere Kultur und errichtete große Befestigungen von 3,5 bis 11,0 ha Größe, in dem 600 bis 2000 Menschen Platz fanden. Die Grundrisse ihrer Burgen erinnern oft an gleichzeitige fränkische Anlagen. Diese slawische Gruppe unterwarf die bereits ansässigen Slawen und zerstörte auch einen Teil der älteren kleinen Burgen. Sie gehörte offenbar zum Stammesverband der Wilzen, der als östlicher Nachbar des fränkischen Reiches westlich der Elbe ein ernstzunehmender Gegner für die Franken wurde. Im Havelgebiet bildeten die wilzischen Burgen eine Art Grenzsicherungssystem entlang der Havel und dem natürlichen Vorläufer des Havelländischen Hauptkanals. Dieser Fluß, dessen verlorengegangener Name vom Amateurarchäologen *M. Kluger* wiederentdeckt wurde, hieß ursprünglich „Peene". Mit der von den Wilzen im Havelgebiet errichteten Herrschaft, die über einen Zeitraum von etwa 150 Jahren währte, erhielt in der südöstlichen Ecke des Havellandes eine längst verlassene bronzezeitliche Burg nach ihrer Wiederherstellung eine entscheidende Bedeutung bis zum Beginn des 9. Jh. In den letzten Jahrzehnten etwas in Vergessenheit geraten, ist sie wieder ein lohnendes Ausflugsziel für alle, die Interesse an der heimatlichen Landschaft und ihrer Geschichte haben. Es handelt sich um die Römerschanze bei Sacrow, auch „Königswall" genannt.

Am Ostufer des Lehnitzsees springt eine Anhöhe in den See vor, die vom Land durch einen schmalen Sumpfgürtel getrennt ist, der streckenweise wie ein breiter, von Menschenhand geschaffener Graben wirkt. Infolge ihrer steilen Hänge war diese Anhöhe als Zufluchtsort wie geschaffen.

Am Rand des Plateaus – 25 m über dem See – befindet sich ein Erdwall, der, der Form der Anhöhe folgend, einen trapezförmigen Grundriß von 125 bis 175 m Durchmesser besitzt (Abb. 19). Der Erdwall hat eine etwa 10 bis 12 m breite Basis und eine 3 m breite Krone, auf der ein Pfad entlangläuft. Die Krone des Walles liegt heute noch 2 m über dem Innenraum. Im Nordost- und Südab-

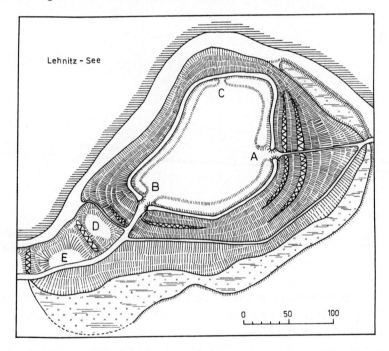

Abb. 19: Plan der Römerschanze bei Sacrow. A, B, C Tore im Hauptwall, D, E Siedlungsflächen der Vorburg. Winkellinien markieren Befestigungsgräben

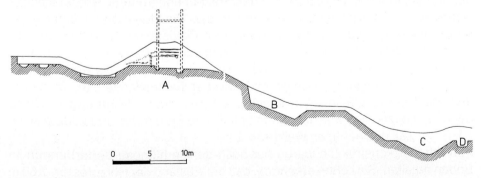

Abb. 20: Römerschanze bei Sacrow. Profil durch Wall und Hanggräben auf der Ostseite

25

Abb. 21: Hauptwall der Römerschanze bei Sacrow

hang sieht man mehrere Terrassen. Es handelt sich um die im Laufe der Zeit zugefallenen Gräben, die als zusätzliche Annäherungshindernisse in der Nähe der Tore angelegt waren (Abb. 20).

Grundlegende Ergebnisse brachten die Ausgrabungen durch *Carl Schuchhardt* in den Jahren 1908 bis 1911, der den Wall, die Gräben, Tore und Teile des Innenraumes untersuchte. Mit den Forschungen an der Römerschanze wurde von *C. Schuchhardt* eine neue, an den westdeutschen Römerlagern entwickelte Grabungstechnik in Mittel- und Ostdeutschland eingeführt. *C. Schuchhardt* erkannte folgendes: Der Wall bestand aus zwei etwa 6 m hohen, im Abstand von 3,25 m parallel laufenden Plankenwänden, die durch Ankerhölzer miteinander verbunden waren. Zwischen beide Wände hatte man Erde gestampft. Als die Planken wahrscheinlich bei einer Belagerung in Brand gerieten, stürzte die zwischen ihnen befindliche Erde herab und bildete so im Laufe der Zeit den heutigen Wall (Abb. 21).

Von der Holzkonstruktion waren nur noch dunkle humose Verfärbungen im Boden erhalten. Sie ließen erkennen, daß der Abstand der Holzpfosten 1,60 m und der übereinander liegenden Ankerhölzer 0,32 m betrug. Die Planken die-

26

ser Holz-Erde-Mauer waren etwa 3 cm stark. Von den drei Toren der Anlage sei hier nur der durch die Grabung gewonnene Grundriß des Osttores erläutert. Die beiden, den bronzezeitlichen Wall markierenden Pfostenreihen lassen eine Lücke von 6,50 m frei. Die Rückfront des Walles springt hier beiderseits rechtwinklig mehr als 11 m ins Burginnere zurück und bildet mit einer Reihe mittlerer Pfosten zwei Durchgänge. Vermutlich handelt es sich um ein mit einem Turm versehenes Hallentor. Anstürmende Feinde gerieten zunächst in den großen Vorraum und wurden dort beiderseits von den Enden des Walls und frontal vom Torturm aus beschossen.

Der Innenraum der Römerschanze war außerordentlich dicht besiedelt. Im Gewirr der Pfostenlöcher, Vorrats- und Abfallgruben war im südwestlichen Teil der Burg der Grundriß eines bronzezeitlichen Hauses zu erkennen. Die 11,50 m messende Längsseite besaß sieben, die 6,25 m breite Rückwand vier Pfosten. Zahlreiche Stücke von Lehmverputz mit Rutenabdrücken zeigen, daß die Wände aus lehmbeworfenem Flechtwerk bestanden. Der Zutritt zum Wohnraum, in dem sich die Herdstelle befand, erfolgte durch die nach Nordosten offene Vorhalle. Der Herd war aus Feldsteinen zusammengelegt und besaß eine Kochgrube, die Scherben, Knochen von Rind, Schaf und Wildschwein enthielt. Dicht südöstlich dieses Hauses fand man die unvollständigen Grundrisse dreier weiterer Häuser, die aneinandergereiht standen. Die Römerschanze konnte von etwa eintausend Menschen bewohnt werden.

Die Entstehung solcher befestigten Großsiedlungen bzw. früher Städte in der Bronzezeit, die wahrscheinlich Zentren größerer Siedlungsgebiete waren, wird von einigen Archäologen auf Einflüsse aus dem Mittelmeerraum zurückgeführt.

Im Gegensatz zur bronzezeitlichen Besiedlung blieb bei der Erneuerung der Burg durch die Wilzen der Innenraum weitgehend von Bebauung frei; die Häuser befanden sich dicht an der Innenfront des Walles, wo *C. Schuchhardt* den Grundriß eines slawischen Hauses freilegte. In zahlreichen slawischen Abfallgruben wurden Gefäße, eiserne Messer, Sicheln, Angelhaken, Knochen und Fischreste gefunden.

Die Wilzen errichteten im Süden der Burg auch noch zwei durch Gräben befestigte Vorburgbereiche, in denen sich ebenfalls Häuser befanden. Die obere Burg der Römerschanze wurde im 10. Jh. zerstört. Die Vorburg war bis zum Anfang des 13. Jh. bewohnt. Dann sind die Slawen offenbar in neu entstehende nahegelegene Dörfer umgesiedelt worden.

Nach der Ausgrabung durch *C. Schuchhardt* wurde die Römerschanze so in den Mittelpunkt des Interesses gerückt, daß die unzähligen Besucher Schäden verursachten. Drahtverhaue an den Steilhängen und den Wällen haben weiteren Schaden verhindert. Heute steht die Römerschanze unter Bodendenkmalschutz. Die deutsche Waldjugend führte mit dem Revierförster von Krampnitz zusammen umfangreiche Pflegearbeiten durch. Jedoch gibt es bedauerliche Beschädigungen durch Radfahrer und Schatzgräber. So steht der Bodendenkmalschutz genau wie der Naturschutz vor der Frage, ob der von einzelnen Uneinsichtigen angerichtete Schaden strenger Verbote bedarf, wodurch für viele Erholungssuchende dieses interessante Objekt unzugänglich würde.

Seit der Mitte des 9. Jh. wurden die historischen Nachrichten über die Wilzen spärlich. Vermutlich verlor dieser Stammesverband seine Bedeutung infolge gesellschaftlicher und politischer Veränderungen, die bisher kaum erforscht sind. Viele der großen wilzischen Burgen wurden verlassen, zerstört oder umgebaut, und andere Burgen entstanden neu, so z. B. etwa um 900 die Burg von Phöben. War vorher der Sitz der fürstlichen Macht in der Burg des Wilzenkönigs Dragowit – wir vermuten sie in den eingeebneten Burgen von Dyrotz oder Berge – so entwickelte sich als Zentrum der neuen fürstlichen Macht der Heveller die Burg auf der späteren Dominsel in der Stadt Brandenburg. Weitere sieben Burgen, darunter die Burg „Poztupimi", waren der Mittelpunkt von Burgbezirken dieses Fürstentumes.

Im Winter des Jahres 929 wurde die Brandenburg das Ziel des Heereszuges des deutschen Kaisers Heinrich I. Er schlug die Heveller in mehreren Treffen, belagerte vier Monate ihre Fürstenburg und nahm sie „durch Hunger, Schwert und Kälte". Es schlossen sich siegreiche Feldzüge gegen die Daleminzer und die Böhmen an. Gero wurde Markgraf der Nordmark und mit der Unterwerfung der Slawen beauftragt. Als ein Anschlag auf ihn geplant wurde, ließ er 939 auf einem Gastmahl 30 slawische Fürsten ermorden. Von den Fürsten der Heveller blieben nur zwei übrig. Es handelte sich um Tugumir, der seit 928 als Geisel am Hofe Heinrich I. weilte, und seinen Neffen, der die unabhängige slawische Herrschaft in Brandenburg sicherte. Wieder brachen Kämpfe zwischen Slawen und Deutschen aus. Da gelang es den Deutschen im Jahre 940, Tugumir durch Geld und noch größere Versprechungen zum Verrat zu verleiten. Er kehrte nach Brandenburg zurück, gab sich als entflohen aus und wurde als rechtmäßiger Herrscher anerkannt. Darauf beseitigte er seinen Neffen und unterwarf sich der Herrschaft des deutschen Königs. Durch diese Tat wurden slawische Stämme bis zur Oder unterworfen. Nachdem Tugumir um 947 verstorben war, gründete Kaiser Otto I. im Jahre 948 das Bistum Brandenburg, das zunächst dem Erzbistum Mainz, später dem Erzbistum Magdeburg unterstellt wurde. Vierzig Jahre schien die deutsche Herrschaft im Havelland gesichert. Das erste deutliche Zeichen des Aufbegehrens der Slawen war im Jahre 980 die Ermordung des Bischofs Dodilo von Brandenburg. Drei Jahre später nutzten die Slawen die Abwesenheit des deutschen Kaisers und seines Heeres für einen großen Aufstand.

Am 29. Juni 983 wurden die deutsche Besatzung von Havelberg ermordet und der Bischofssitz zerstört. Darauf floh Bischof Folkmar aus Brandenburg, und bereits drei Tage später überfielen die aufständischen Slawen diese Burg, deren Verteidiger Dietrich sich nur mit Mühe durchschlagen konnte. Die Priester gerieten in Gefangenschaft, die Gruft Dodilos wurde geplündert, der Kirchenschatz geraubt und „das Blut Vieler elendiglich vergossen". Anstelle des aufgezwungenen christlichen Glaubens traten wieder verschiedene heidnische Kulte. Eine Niederlage des deutschen Kaisers in Italien ließ sofortige Gegenmaßnahmen nicht zu. Erst ab 985 unternahmen die Deutschen, unterstützt von Polen und Böhmen, den Versuch, die Brandenburg wieder zurückzuerobern. Es gelang erst im Spätsommer des Jahres 991; aber der sächsische Ritter Kizo, der, vom Markgrafen Dietrich geschädigt, bisher nicht zu seinem Recht gekommen war, lieferte die Brandenburg den Slawen aus, die ihm deren Verteidigung anvertrauten.

In dieser Situation trat Potsdam vor tausend Jahren ins Licht der Geschichte. Der Hintergrund war folgender: Der Versuch des Kaisers im Jahre 992, die Brandenburg mit Hilfe der Herzöge von Bayern und Böhmen und polnischer Ritter zu belagern und zu erobern, blieb ohne Erfolg, so daß er mit den Slawen Frieden schloß, obwohl er ebenso wie die Kirche nach deutscher Rechtsauffassung den Besitzanspruch aufrechterhielt. Die Tatsache, daß ein sächsischer Ritter den Befehl über die Burg hatte, ließ darüber hinaus die Deutschen hoffen, die Brandenburg wieder in die Hand zu bekommen, wenn es nur gelang, Ritter Kizo zu beschwichtigen und ihm zu seinem Recht zu verhelfen. Diese Bemühungen hatten offenbar spätestens Mitte des Jahres 993 Erfolg, denn am 3. Juli wurde in Merseburg die Urkunde (Abb. 23) ausgefertigt, in der

Abb. 22: Darstellung Kaiser Otto III. aus dem Bamberger Evangeliar

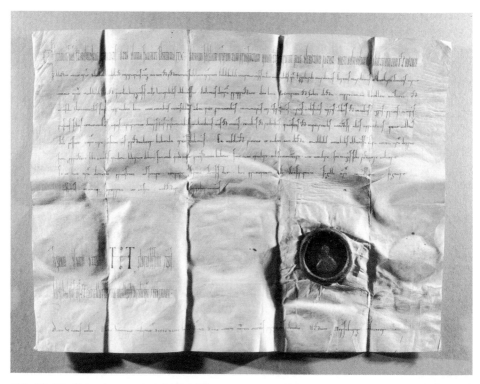

Abb. 23: Die Schenkungsurkunde Otto III. vom 3. Juli 993 an seine Tante Mathilde, die Äbtissin von Quedlinburg

30

Otto III. (Abb. 22) seiner Tante Mathilde, der Äbtissin von Quedlinburg, die Orte Geliti und Poztupimi in der Provinz Hevellon auf der Insel des Chotiemuizle schenkte. Kizo war bereit, sich und die Brandenburg dem Kaiser zu unterwerfen, und vollzog diesen zweiten Verrat Mitte Juli, womit nach deutscher Rechtsauffassung die Fürstenburg und das Havelland wieder unter deutscher Herrschaft waren. Die erbitterten Slawen griffen sofort die Brandenburg und den Verräter an. Der Kaiser, inzwischen in Magdeburg angelangt, entsandte in der zweiten Julihälfte eine Hilfstruppe nach Brandenburg. Sie bestand aus dem Markgrafen Ekkehard von Meißen, Heinrich, Udo und Siegfried von Stade, Pfalzgraf Friedrich und Markgraf Liuthar mit ihren Rittern. Das offenbar zahlenmäßig nicht starke Aufgebot wurde in der Nähe der Brandenburg von den Belagerern zersprengt. Nur einem Teil gelang es, in die Burg zu kommen, die übrigen mußten nach dem Verlust einiger Ritter umkehren. Darauf zog der Kaiser von allen Seiten ein Heer zusammen und begab sich selbst nach Brandenburg, da die Slawen den Verteidigern schwer zusetzten. Als das kaiserliche Heer im Spätsommer 993 erschien, gaben die Slawen den Kampf auf. Die Besatzung wurde verstärkt, und die Burg blieb bis 994 oder 995 in deutscher Hand.

Man war bisher meist der Auffassung, die Schenkungsurkunde wäre nicht wirksam geworden, aber man muß bedenken, daß der Kaiser 993 die deutsche Herrschaft auf lange Zeit gesichert glaubte. Zwei Jahre dürften die Bestimmungen seiner Schenkung schon wirksam gewesen sein, denn Abgabenverpflichtungen an die Herrschaft wurden damals sehr ernst genommen; man muß sogar mit einer deutschen Besatzung in „Poztupimi" rechnen.

Der Historiker *H. Assing* hat eine interessante Theorie aufgestellt, weshalb wohl diese Schenkung überhaupt erfolgte, und warum Potsdam und Geltow für den Kaiser eine solche Bedeutung hatten. Er vermutet, daß die Polen unter dem Herzog Bolesaw Chrobry ihren Machtbereich weiter nach Westen über die Oder hinaus ausdehnen wollten. Gleichzeitig strebten sie danach, beim Papst zu erreichen, daß ein eigenes polnisches Erzbistum entstand, das nicht der deutschen Kirchenorganisation unterstand. Die Schenkung Potsdams an die Äbtissin von Quedlinburg könnte möglicherweise einem weiteren Vordringen der Polen eine Grenze gesetzt haben, weil die Annektion von kirchlichem Besitz die Mißbilligung des Papstes gefunden hätte. Die politische Situation war im 10. Jh. sehr kompliziert und ist bis heute nicht völlig durchschaubar. Deutsche, polnische und slawische Interessen standen gegeneinander; verschiedene adlige Familien bemühten sich um das Markgrafenamt und um Einfluß im Havelgebiet. Als Kizo, der als Befehlshaber in Brandenburg geblieben war, sich wegen seiner Angelegenheiten nach Quedlinburg begab, machte sich sein slawischer Vasall Boliliut zum Herren der Brandenburg. Kizo erhielt zwar später seine Frau und seine Vasallen zurück, fand aber den Tod beim Versuch, unerwartet Vergeltung zu üben. Dem Kaiser gelang es nicht mehr, die Heveller zu unterwerfen, obwohl er das Havelland in den Monaten Juli und August des Jahres 997 durch einen Feldzug schwer verwüstete. So ging auch der durch die Schenkung erlangte Besitz der Orte Poztupimi und Geliti für das Kloster Quedlinburg verloren. Es begann ein Abschnitt der unabhängigen Entwicklung der Heveller, die zur Zeit der deutsch-polnischen Auseinandersetzungen von 1003 bis 1033, von Kaiser Heinrich II. gewonnen, sogar auf deutscher Seite gegen Polen kämpften. Zu Anfang des 12. Jh. war der Fürst Meinfried von Brandenburg bereits Christ, wurde aber im Jahre 1127 ermordet. Sein Nachfolger Pribislaw-Heinrich, ebenfalls Christ, setzte sich mit Hilfe deutscher Feudalherren gegen politische Gegner durch. Es gelang ihm, seine Position zu festigen und sich unter Anerkennung der deutschen Oberhoheit relativ unabhängig zu halten.

Seit Anfang des 12. Jh. nahm die wirtschaftliche Entwicklung des Hevellergebietes einen bedeutenden Aufschwung, wovon reiche Schatzfunde zeugen. Ein berühmter Fund aus dieser Zeit ist der Schatz von Golm, der in einem Tongefäß Silberschmuck und Münzen enthielt. Aus einem Grab bei Golm stammen auch verzierte bronzene Hohlschläfenringe (Abb. 24), die von den Frauen der slawischen Oberschicht an einem Lederband an der Schläfe getragen wurden.

Die im 10. Jh. als „insula Chotiemuizles“ und 1450 als „Werder“ bezeichnete große Halbinsel war von der Havel und ihren Seen im Osten, Süden und Westen und von einer breiten Niederung im Norden begrenzt, die in den vergangenen Jahrhunderten mal feuchter und mal trockener gewesen sein mag. Die Insel war in slawischer Zeit unter 18 Siedlungen und einem Burgwall aufgeteilt, wobei 13 Siedlungen vom 8./9. bis 10. Jh. bestanden, von denen sechs im 10. Jh. endeten, während weitere drei im 11. Jh. neu entstanden, so daß zu Beginn der deutschen Herrschaft im 12. Jh. zehn slawische Orte existierten. Die Römerschanze verlor seit dem 9. Jh. ihre vorherrschende Rolle; der Hauptort wurde nun die Burg Poztupimi. In Grube, Geltow und Golm können wir slawische Dörfer sehen, die mit der deutschen Herrschaft eine Erweiterung erfuhren. Für Geltow nahm *R. Hoffmann* für einen 0,5 km südlich des Ortes am Havelufer liegenden, 1866 entdeckten slawischen Siedlungsplatz des 9. bis 12. Jh. an, daß es sich um das 993 mit Potsdam zusammen erwähnte „Geliti“ handelt, jedoch bleiben leider Nachweis und Lokalisierung einer hier vermuteten Burg immer noch unsicher. Im Ort selbst wurden 1884 und 1958 ebenfalls slawische Gefäßreste des 9. bis 12. Jh. gefunden. Bornim scheint ein deutsches Dorf zu sein, in das slawische Bevölkerungsteile eingingen, während Bornstedt möglicherweise als eine reine deutsche Gründung entstand, wie auch die Höfe Eiche und Albertshof.

Alle slawischen Siedlungen außerhalb der später bestehenden Dörfer und der Stadt Potsdam – und dies waren ja nur acht – mußten im Laufe der Zeit in das neue deutsche Wirtschafts- und Verwaltungssystem eingegliedert werden, was in der Regel mit Umsiedlungen verbunden war. Den Funden nach hatten in slawischer Zeit besondere Bedeutung der Ort Golm mit zwei Schatzfunden und einem Gräberfeld mit reich verzierten Hohlschläfenringen, die Siedlung auf dem Tornow bei Potsdam mit ebenfalls zwei Schatzfunden und das Zentrum des Siedlungsbezirkes, die Burg Poztupimi, mit mehreren dicht benachbarten Siedlungen. Für die spätere Stadtentwicklung spielten offenbar nur die Siedlungen an der Burg, auf der Planitzinsel und auf dem Tornow eine Rolle.

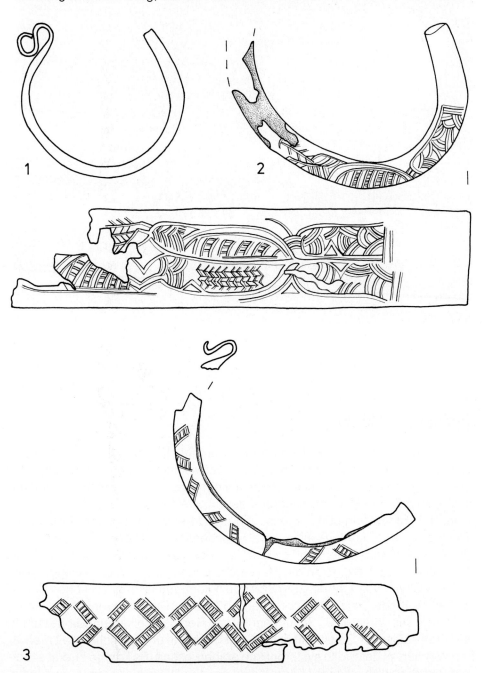

Abb. 24: Verzierte slawische Schläfenringe aus Bronze aus einem Grab des 12. Jh. in Golm

Abb. 25: Das blieb von einem slawischen Schatz des 11. Jh.übrig, der auf dem Tornow gefunden wurde. Der größte Teil des Gefäßes und der Silbermünzen gingen verloren

Poztupimi – die Burg

Das 993 erwähnte Poztupimi, das der Stadtarchivar *E. Fidicin* im Jahre 1858 im Bereich des Alten Marktes annahm mit der naheliegenden Vermutung, die zugehörige slawische Burg dazu hätte auf der Insel östlich Potsdams gelegen, wurde im Jahre 1911 wieder aufgefunden.

Über die Entdeckung berichtete im Jahre 1911 eine Notiz in der „Potsdamer Tageszeitung": „Aufdeckung einer slawischen Burg in Potsdam. Der außerordentlich niedrige Wasserstand dieses Sommers und Herbstes hat im südöstlichen Ende von Potsdam an der Havelecke unmittelbar vor der Heiliggeistkirche ein Gewirr von Pfählen zum Vorschein kommen lassen, zwischen denen spielende Kinder verzierte Topfscherben fanden. Die Stadtverwaltung nahm sich nun, wie Direktor C. Schuchhardt vom Berliner Völkerkundemuseum in der Prähistorischen Zeitschrift mitteilt, der Sache an und hat schon seit mehreren Wochen an der Stelle systematisch graben lassen. Es konnte zuerst scheinen, als ob es sich um eine Uferbefestigung, eine hölzerne Quaimauer handle. Als aber die Mächtigkeit der Holzkonstruktion immer mehr wuchs, ihre Dicke

Abb. 26: Blick auf die Burgstelle Poztupimi gegenüber der Nuthemündung

zunächst bis an die jetzige steinerne Quaimauer 6 m betrug und dann unter ihr hindurch auf 10 und 12 m kam, konnte kein Zweifel sein, daß es sich um einen hölzernen Burgwall handle, wie er in ähnlicher Stärke und Konstruktion vor ein paar Jahren für den slawischen Burgwall „Altlübeck" festgestellt worden ist. Nachbarn erinnern sich, daß etwa 80 m von dem jetzt freigelegten Stück entfernt auf der andern Seite der Heiliggeistkirche vor etwa 15 Jahren bei Anlage der Kanalisation eine ganz ähnliche große Holzkonstruktion angeschnitten worden sei; in ihr würden wir also wohl die Gegenseite des Burgrundes oder -ovales zu erkennen haben. Die Hölzer bilden in regelrechter Längs- oder Querlagerung ein festes Fachwerk; die Zwischenräume sind mit Erdmaterial ausgefüllt, das in großer Masse slawische Gefäßscherben enthält. Man hat daraus frühslawische Töpfe von beträchtlicher Größe zusammenzusetzen begonnen. Die lange Straßenlinie, welche vom Schloß nach der Heiliggeistkirche führt, heißt heute noch „Burgstraße". Es ist also ohne Frage in dem rundlich gehöhten Platze, auf dem die Heiliggeistkirche steht, die frühslawische Burg, die Keimzelle der heutigen Stadt Potsdam, gefunden."

Man sieht es dem Gelände im südöstlichen Teil Potsdams mit seinen vielen Neubauten heute nicht mehr an, daß hier vor Jahrhunderten meistens sumpfiges Wiesenland lag, dazwischen mehrere Sandinseln, die von den Slawen genutzt wurden, um ihre Siedlungen und ihre Burg in natürlicher Schutzlage genau dort zu errichten, wo die Havel von Nordosten kommend nach Südwesten abbiegt, unmittelbar der Nuthemündung gegenüber (Abb. 26).

Die Lage der Burg auf einem Vorsprung gegenüber der Mündung eines Nebenflusses ist besonders typisch für slawische Burgen, deren Besatzung so die Wasserwege sichern und kontrollieren konnte.

Auf alten Karten des 17. und 18. Jh. sieht man noch deutlich, daß ein breiter Graben, der erst nach 1697 verfüllt wurde, eine leicht ovale Insel vom Festland abriegelte (Abb. 59,1). Von der Lage der Burg haben wir Kenntnis durch die Untersuchungen der Jahre 1911 und 1921, von der Lage zugehöriger Siedlungen auf umliegenden Sandinseln durch die Stadtkernforschungen R. Hoffmanns nach dem Kriege. Poztupimi bestand demnach aus einer Burg, einer 400 m westlich und zwei dicht nördlich gelegenen Siedlungen, dazu einem Gräberfeld nahe der westlich gelegenen Siedlung.

Wir wollen uns zunächst mit der slawischen Burg beschäftigen. Die Stadtverwaltung beauftragte im Jahre 1911 den Stadtbaurat Nigmann mit der Untersuchung der freiliegenden Reste der Burg. Er war Vorsitzender des Museumsvereins und ließ sich von den Professoren C. Schuchhardt und A. Götze, zwei führenden deutschen Archäologen aus Berlin, beraten. Nigmann ließ 1911 einen exakten Plan aller freigelegten Befunde zeichnen, der glücklicherweise erhalten blieb, und Pfarrer E. Handtmann schrieb dazu einen zwölfseitigen Bericht für die Generalversammlung des Potsdamer Museumsvereins am 26. März 1912. Nicht nur der trocken gefallene Uferrand der Havel wurde untersucht, sondern auch verschiedene Stellen rings um die Heiliggeistkirche, an denen man wegen der Aufschüttungen bis in 2,50 m Tiefe schachten mußte, während im Uferbereich die Funde teils auf der Oberfläche lagen, teils in 0,50 m Tiefe begannen. Die Grabungen fingen im Herbst des Jahres 1911 an und zogen sich bis ins folgende Jahr. Im Jahre 1921 begann man mit dem Bau eines Uferbollwerkes vor der Stadtmauer, wodurch eine Zerstörung eines Teils der Wallkonstruktion drohte. An diesen Arbeiten nahm zeitweilig auch *R. Hoffmann* teil, der Berichte und Skizzen für sich persönlich fertigte, die erhalten sind. Der vom Bauamt gezeichnete amtliche Gesamtplan der Ausgrabungen von 1911, 1912 und 1921 dagegen ging leider am Ende des zweiten Weltkrieges verloren. Es ist sehr schwer, die Zusammenhänge zwischen den erhaltenen Planskizzen und Plänen zu rekonstruieren, um ein Gesamtbild zu erhalten (Abb. 27).

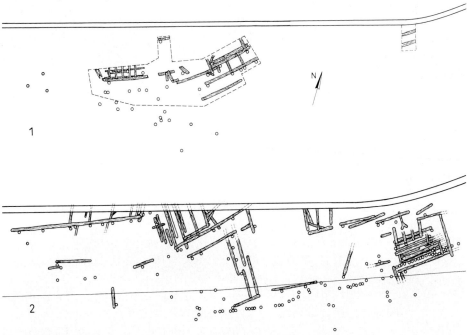

Abb. 27: Plan der 1911 (1) und 1921 (2) freigelegten Holzkonstruktion der slawischen Burg

Natürlich waren damals die Grabungsmethode und das Wissen über slawische Wallkonstruktionen und Hausbauten noch nicht so entwickelt, so daß die Ausgräber nicht in der Lage waren, jüngere und ältere Befunde zu trennen bzw. auch neuzeitliche Uferbefestigungen abzugrenzen, die wohl vor allem aus Pfahlreihen bestanden. Besonders bedauerlich aber war, daß es im Magazin des Heimatmuseums, wo das Fundmaterial getrennt nach Tiefen und Schichten aufbewahrt war, im Jahre 1945 zu Plünderungen kam. Dabei wurden die unbeschrifteten Funde durcheinander auf den Fußboden geworfen, so daß in Zukunft nur noch eine begrenzte wissenschaftliche Auswertung möglich sein wird. Neue umfangreiche, sehr kostspielige und langjährige Grabungen, die sich über fünf bis zehn Jahre hinziehen würden, könnten allein das Dunkel

1

2

Abb. 28: 1 Die 1911 freigelegte Böschungssicherungen der slawischen Burg, 2 Rostkonstruktion der slawischen Befestigung

über den Ursprung Potsdams lichten, wobei der Schutz zur Erhaltung des bedeutendsten Bodendenkmals der Stadt Potsdam Vorrang vor jedem Eingriff in den Boden hat. Versuchen wir nun, uns anhand der erhaltenen Unterlagen und Funde ein vorläufiges Bild von der alten Burg Poztupimi zu machen.

Die Burginsel besaß den alten Kartenwerken zufolge einen Ost-West-Durchmesser von 26 preußischen Ruten, also rund 98 Metern, und einen Nord-Süd-Durchmesser von 22 Ruten, das sind rund 83 m. Der Burggraben war noch 20 m breit erhalten, was der vom 10. bis 13. Jh. üblichen Grabenbreite slawischer und deutscher Burgen entspricht. Die Burg ist damit dem sogenannten civitas-Typ zuzuordnen, zu dem im Havelland die meisten slawischen Burgen gehörten. Es waren Mittelpunkte von Siedlungsgebieten mit fünf bis 15 Dörfern.

Der im 17. Jh. noch vorhandene, dann aber eingeebnete Wall zeigte auf der Havelseite Böschungssicherungen aus senkrechten Pfählen und horizontal liegenden, die Peripherie des Walles begleitenden Baumstämmen (Abb. 28,1). Sie sollten eine Unterspülung des Ufers und der Befestigung der Burg verhindern. Die Befestigung bestand aus einem sogenannten Holz-Erde-Wall, von dem nur noch Teile der unteren drei Lagen erhalten waren. Im Blockbau gefertigte Rost- und Kastensysteme aus Holz waren mit Erde und Steinen gefüllt und gegen das Verrutschen durch senkrechte Pfosten gesichert. Außer dem Gesamtplan (Abb. 27) zeigt das deutlich eines der erhaltenen Fotos (Abb. 28,2). *R. Hoffmann* rekonstruierte daraus im Gegensatz zum Pressebericht von 1911 einen Schnitt durch die Befestigung, deren Breite er auf 3 m schätzte (Abb. 29).

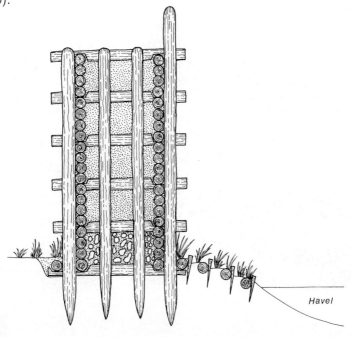

Abb. 29: Rekonstruktion der slawischen Wallkonstruktion (Querschnitt) nach *R. Hoffmann*

In der Regel waren die Kästen der Wehrmauer mit Erde, Zweigen (Faschinen) und Steinen gefüllt, während sich in den Hausgrundrissen Scherben, Knochen und Holzkohle befanden.

Oft ist von darunterliegenden „Subkonstruktionen" die Rede, d. h. man glaubte, daß die Insel künstlich mit Holzkonstruktionen und Erde erhöht wurde. Darauf sollen dann zuerst Häuser und etwas später die Befestigung entstanden sein. Vermutlich haben aber ganz einfach verschiedene Bauphasen vorgelegen; denn Häuser hielten nur 40 bis 75 Jahre, dann war dringend ein Neubau erforderlich. Selbst der geschulte moderne Ausgräber hat bei solchen Ausgrabungen Probleme, die Übersicht zu behalten und das System zu erkennen. Hinter der Holz-Erde-Mauer begann der besiedelte Innenraum, der einen Durchmesser von ca. 75 m hatte. Dicht hinter dem Wall standen die Häuser (Abb. 30). Ein besonders großes wurde 1921 entdeckt. Die Ufermauer erlaubte nur die Freilegung der 6,50 m langen Ostseite. Sie bestand aus zwei übereinanderliegenden Balken auf einer Steinreihe und der nordöstlichen Hausecke sowie einigen Unterzügen für die bereits entfernte Dielung. Einige Sondagen in der Mitte des Burghofes stießen auf mehrere Steinherdstellen, aber man fand keine zugehörigen Hausreste. Das kann einerseits den tatsächlichen Verhältnissen entsprechen, andererseits ist es möglich, daß die Hausspuren übersehen wurden. Da sie nicht im Grundwasser lagen, sind die 15—20 cm dicken Balken nicht wie im Uferbereich erhalten, sondern nur als 2—3 mm starke Verfärbungen vorhanden, die bei grober Arbeitsweise schneller zerstört als erkannt werden.

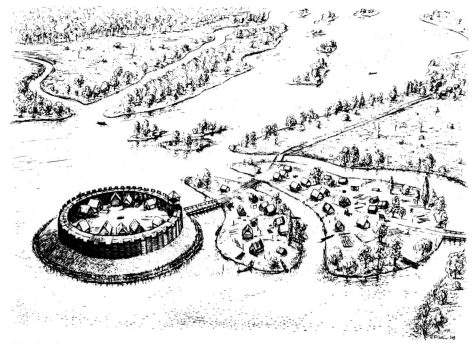

Abb. 30: Rekonstruktion des slawischen Burgortes Poztupimi im 10. Jh.

Das Fundmaterial vom Burgwall

Grundlage der Ernährung war die Landwirtschaft mit Ackerbau und Viehzucht. Nicht unwesentliche Ergänzungen wurden durch Fischerei, Jagd und Imkerei erzielt. Das Fundmaterial gibt darüber nähere Auskunft.

An Kulturpflanzen fanden sich in den im Grundwasser erhaltenen Dungschichten der Burg vor allem Roggen und Rispenhirse, aber auch Weizen und Gerste, ferner Leinsamen, Wicken, Saubohnen und Haselnüsse. In der täglichen Nahrung spielten Brot und Hirse die Hauptrolle. Weitere Pflanzenreste aus den Dungschichten stammten von den Bäumen der Flußauen und der Vegetation der Wiesen und Uferbereiche.

Die Slawen benutzten zum Ackern den hölzernen Hakenpflug, wie er am besten im Fund von Dabergotz, Kr. Neuruppin, erhalten ist (Abb. 31). In Potsdam wurde eine hölzerne Pflugschar in den Ufersandschichten südlich des späteren Alten Marktes gefunden (Abb. 32); entweder befanden sich dort oder an anderen Stellen des Havelufers die slawischen Äcker oder die Schar wurde vom Burgbereich durch die Strömung hierher getrieben.

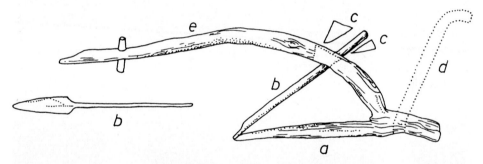

Abb. 31: Der slawische Hakenpflug von Dabergotz, Kr. Neuruppin

Tierknochen fanden sich im Jahre 1911 in so großen Mengen, daß sich Altstoffhändler einstellten, um sie aufzukaufen. Der Magistrat mußte energisch dagegen einschreiten, um das Material für die Erforschung der slawischen Tierhaltung zu sichern. Es ergab sich, daß unter den Tierknochen in Potsdam 71,8 Prozent von Haustieren und 28,2 Prozent von Wildtieren stammten. Das ist ein recht hoher Anteil an Wildtieren, der im Havel-Spree-Gebiet typisch war, wie die Anteile in Brandenburg (18,5 Prozent), Köpenick (45,1 Prozent) und Kaulsdorf (44,9 Prozent) im Vergleich zu Mecklenburger Fundplätzen zeigen, wo der Anteil an Wildtieren zwischen 1,0 und 10,8 Prozent lag. In Potsdam setzte sich der Anteil der Haustiere aus 49,8 Prozent Rind, 30,9 Prozent Schwein, 16,3 Prozent Schaf oder Ziege und 2,3 Prozent Pferd zusammen. Einen hohen, leider schwer bestimmbaren Anteil am Verzehr von tierischem Eiweiß – es gibt Schätzungen bis zu 20 Prozent – lieferte die Fischerei. In Potsdam sollen sogar auffällig viele Reste vom Lachs vorgelegen haben, ansonsten wurden vor allem Hechte, Barsche, Karpfen, Bleie und Welse verzehrt.

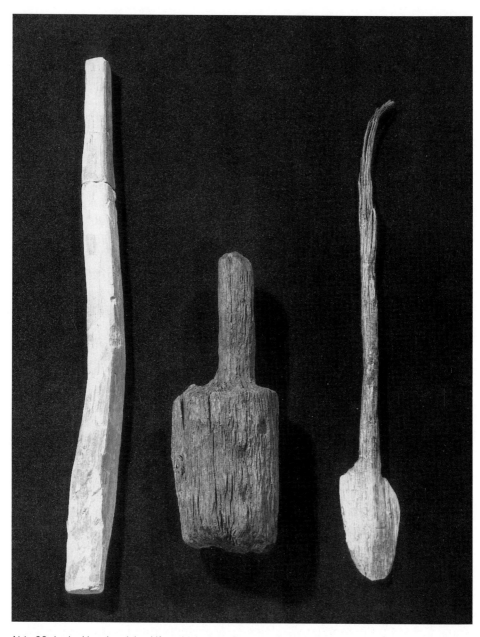

Abb. 32: In der Havel und den Uferschichten gefundene slawische Pflugschar aus Holz, eine slawische Holzkeule und ein mittelalterlicher Schlagstock. 12. Jh. (von re nach li)

Die Ernährung der slawischen Bewohner von Poztupimi war also vom modernen Standpunkt her gesehen durchaus gesund und zweckmäßig. Besonders hervorzuheben ist der Verzehr von Breinahrung aus Hirse, die einen außerordentlichen diätetischen Wert besitzt, und der hohe Anteil des Verzehrs an

Fisch, Rind, Schaf und Ziege sowie der Verzehr von Obst und Gemüse, darunter viele Wildfrüchte.

Unter den Gegenständen des täglichen Bedarfs, die durch die Ausgrabung nachgewiesen sind, hat die Haushaltskeramik, die man vor allem als Scherben fand, den höchsten Anteil. Selten ist unter den Funden die unverzierte Keramik, die vom 6. bis 8. Jh. überwiegend üblich war. Sie wich einer kammstrichverzierten, mit geometrischen Motiven versehenen Keramik, die vor allem im 9. und 10. Jh. vorherrschte (Abb. 33). Ende des 10. Jh. entwickelten die Slawen nach Einführung einer besseren Töpferscheibe die mit horizontalen Furchen verzierte späte Keramik, die bis in den Anfang des 13. Jh. in Gebrauch blieb (Abb. 34). Gleichzeitig begann sich in Dörfern und Städten das Handwerk der zugewanderten Deutschen zu entwickeln, deren Keramik die slawische ablöste, zumal ein neues Brennverfahren eine bessere Qualität garantierte.

Das Mengenverhältnis der gefundenen Keramik erlaubt Schlußfolgerungen hinsichtlich des Beginns und der Dauer der Besiedlung auf der Burginsel. Anfang des 9. Jh., als noch ein geringer Teil unverzierter Gefäße gebräuchlich war, muß sie begonnen haben, und sie dauerte bis an das Ende des 12. Jh. Die weitere Nutzung der slawischen Burgstelle durch die deutschen Eroberer ging auf jeden Fall bis in die erste Hälfte des 13. Jh.

Unter den übrigen Funden ist ein sanduhrförmiger hölzerner Hirsestampfer, 8 cm stark und 115 cm lang (Abb. 35) besonders erwähnenswert. Er ist noch im Original erhalten, aber durch Trockenrisse sehr unansehnlich geworden. Dieses Gerät diente dazu, durch Stampfen die Spelzen von den Körnern zu tren-

Abb. 33: Kammstrichverziertes slawisches Gefäß des 10. Jh. vom Burgwall

Abb. 34: Gurtverzierte slawische Gefäße des 12. Jh.

0   5   10cm

nen. Bei Anlage der Uferbefestigung fand man 1988 eine Holz-keule im Uferschlamm (Abb. 32). Von großem Interesse ist das Stück eines Strickes aus gedrehtem Bast, das leider verlorenging. Ferner fand man in den Schichten eiserne Messer und zugehörige Wetzsteine aus Schiefer. Häufig sind Pfrieme aus Knochen und Geweih im Fundmaterial, auch eine kleine Pfeilspitze aus Kno-chen (Abb. 36) wurde gefunden. Tönerne Wirtel dienten als Schwungscheiben für die Handspindeln sowohl in slawischer als auch in deutscher Zeit (Abb. 37).

Die 1911 bei einem Herd gefundenen Leinenlappen und Leinen-fäden sind leider nicht mehr vorhanden. Bereits in die deutsche Zeit könnten ein großes dolchartiges Messer, eine Schere, drei Sporen, darunter ein Radsporn, ferner eine rechteckige Gürtel-schnalle (Abb. 38) und eine Holzkugel gehören. Einige Funde müssen wir noch erwähnen, die uns Hinweise auf den Handel geben. Da ist zunächst der Mahlstein einer Handmühle, der aus dem Fundament des Blockhauses des 10. Jh. stammt. Dieser Mahlstein besteht aus einem schwarzen Quarzporphyr, der in der Gegend von Halle/Saale ansteht und im 9. oder 10. Jh. durch den Fernhandel auf dem Land- oder Wasserweg nach Poztupimi

Abb. 35: Sanduhrförmiger Hirsestampfer
aus Eichenholz vom Burgwall

gelangt sein muß, wobei die Entfernung von etwa 140 km auf einem Fuhrwerk in einer Woche zurückgelegt werden konnte.

Aus der Gegend von Burg bei Magdeburg dagegen gelangten Gefäße mit horizontaler Wellenverzierung nach Potsdam. *R. Hoffmann* war der erste, der vor einigen Jahrzehnten diese Vermutung äußerte, die aber erst anhand der Ausgrabungsergebnisse von Brandenburg(Havel) bewiesen werden konnte. Für

Abb. 36: Pfrieme aus Knochen und Geweih und eine Pfeilspitze aus einer Geweihsprosse. Burgwall, 10. Jh.

Abb. 37: Slawische und mittelalterliche Spinnwirtel vom Burgwall

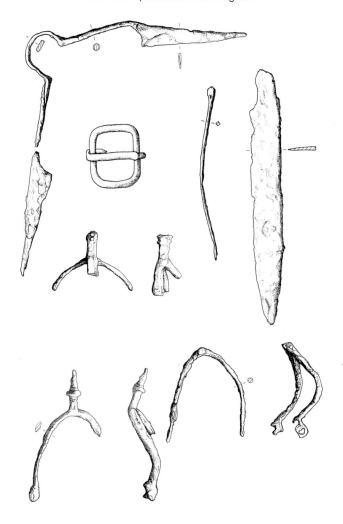

Abb. 38: Schere, Messer, Nadel, Schnalle und Reitersporn des 12. bis 13. Jh. vom slawischen Burgwall

46

den äußerst regen Handel sprechen auch die zahlreichen slawischen Schatzfunde des Havellandes, von denen zwei vom Tornow stammen.

Über die Reichweite des lokalen Handelsverkehrs im Havelland geben die Zeichen an den Gefäßböden des 11./12. Jh. Auskunft. Eines der Gefäße vom
Gräberfeld westlich der Burg besitzt ein solches Bodenzeichen, eine Werk-
stattmarke, die wir auch von einem Gefäß aus Brandenburg, dem Fürstensitz
der Heveller, kennen. Dort kann dieser Fund auf Grund der Schichtenfolge in
die Zeit um 1100 datiert werden. Kartieren wir alle Funde dieser Art, so erse-
hen wir, daß eine ganze Anzahl von Zeichen, die aus havelländischen Orten
stammen, auch in der Brandenburg gefunden wurden (Abb. 39). Offen bleibt
dabei, ob die Gefäße oder der Gefäßinhalt, wie z. B. Getränke, Honig, Gebäck
oder Öl, gehandelt wurden. Ein weiteres Gefäß vom Gräberfeld unweit der
Burg ist nach seiner Form und Machart fremd im Havelland. Ähnliche Gefäße
gibt es zu Anfang des 11. Jh. im Mittelelbgebiet.

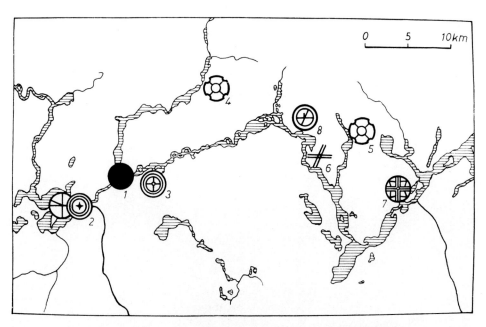

Abb. 39: Karte der Verbreitung identischer Bodenzeichen an slawischen Gefäßen des 11.-12. Jh.
Zeichen Nr. 7 befindet sich an einem Gefäß vom slawischen Gräberfeld in der Brauerstraße

Die Siedlungen zur Burg

In slawischer Zeit gehörte zu jeder Burg ein Burgbezirk, der für Poztupimi
gewiß alle Siedlungen der Potsdamer Insel umfaßte. Wir können ferner davon
ausgehen, daß die slawischen Siedlungen innerhalb des eigentlichen Stadtgebietes von Potsdam bei der Stadtentstehung eine Rolle gespielt haben müssen.

47

Nördlich der Burg lagen, getrennt durch natürliche Niederungsstreifen und Gräben, die erst im 17. Jh. verfüllt wurden, zwei Vorburgsiedlungen auf flachen Sandinseln. *R. Hoffmann* entdeckte sie in den Jahren 1953 und 1956 durch Suchgräben, die er im Gebiet zwischen Eltesterstraße und Türkstraße, zwischen Havelufer und Heilig-Geist-Straße anlegte. Er fand eine dunkel verfärbte Schicht mit Scherben und Steinen – eine Kulturschicht, mehrere Steinherdstellen, Haus- und Abfallgruben. Die aufgefundenen Gefäßreste waren unverziert oder kammstrichverziert, gehörten also dem 9. bis 10. Jh. an. Die mit horizontalen Furchen verzierten slawischen Gefäßreste waren dagegen geringer vertreten, vermutlich war die Besiedlung nicht mehr so intensiv. Sie ging aber bis in den Anfang des 13. Jh., wie Funde deutscher Gefäßreste an der Oberfläche der slawischen Kulturschicht zeigen. In den Jahren 1907 und 1934 gefundene Skelette zwischen Türk- und Holzmarktstraße könnten auf das Gräberfeld zu diesen Siedlungen hinweisen.

Eine kleinere Siedlung wurde 300 m westlich des Burgwalles am nördlichen Havelufer bei Ausschachtungsarbeiten im Jahre 1963 entdeckt, als man eine slawische Kulturschicht und eine Wohngrube fand. Auch von dieser Stelle ist unverzierte, kammstrich- und gurtverzierte Keramik bekannt, so daß diese Siedlung ebenfalls vom 9. bis 12. Jh. Bestand hatte. Etwa 150 m weiter westlich lag das zugehörige slawische Gräberfeld.

Von großer Bedeutung muß im 11. und 12. Jh. eine slawische Siedlung auf

Abb. 40: Slawische Beigefäße aus dem Gräberfeld zwischen Brauerstraße und Alter Fahrt, re mit Bodenzeichen

dem Tornow (Hermannswerder) gewesen sein. Hier fand sich bereits 1861 ein Schatzfund von silbernen Wendenpfennigen aus der Zeit um 1140. Die Münzen gelangten alle in Privatbesitz, wie auch ein 1936 gefundener weiterer Schatz, von dem aber Reste nach dem Kriege in das Museum gelangten. Von den 70 silbernen Sachsenpfennigen des zweiten Fundes, die sich in einem Tongefäß befanden, gelangte nur einer in das Museum. Er gehört in die Zeit um 1050. Von dem Gefäß ist das Unterteil erhalten, und außerdem gehören zu dem Schatz noch 21 Stücke Rohbernstein, 29 Karneolperlen, 21 Bergkristall-perlen und acht Ton- und Glasperlen (Abb. 25).

Eine weitere slawische Siedlung bestand im 11. und 12. Jh. auf der großen Planitzinsel. Sie wurde verlassen, weil mit der deutschen Herrschaft der Bau von Wassermühlen begann und durch den auftretenden Stau der Havel der Wasser- und Grundwasserspiegel stieg.

Darüber hinaus gibt es einige Stellen am Havelufer, wo sich vereinzelt slawische Scherben fanden, ohne daß eine Siedlung bestanden haben muß. Es sind Hinweise auf die Nutzung der Uferregion durch die Slawen. Solche Stellen gibt es auf der Höhe des Glienecker Hornes, der Türkstraße, des Alten Marktes und des Kiewitts.

Das slawische Gräberfeld

Vom 6. bis 9. Jh. verbrannten die Slawen ihre Toten und setzten sie entweder in Urnen bei (Abb. 18) oder streuten die Knochenreste in flache Hügel, die in späteren Jahrhunderten durch den Ackerbau restlos zerstört wurden. Im 10. Jh. gingen sie unter christlichem Einfluß zur Körperbestattung über.

Das Gräberfeld des alten Poztupimi entdeckte man 1917, als auf einem Grundstück zwischen Brauerstraße und Alter Fahrt, östlich des Alten Rathauses und 500 m westlich der slawischen Burg, bei Erdarbeiten zwei menschliche Schädel und ein slawisches Gefäß gefunden wurden. *R. Hoffmann* fand dann 1953 sechs weitere Gräber und beobachtete auch Gruben- und Brandspuren, Scherben und Tierknochen, die er für Reste von Totenmahlzeiten hielt. Weitere Gräber, insgesamt wurden 29 gefunden, konnten Mitarbeiter des Museums für Ur- und Frühgeschichte Potsdam in den Jahren 1960 bis 1966 freilegen. Das Gräberfeld liegt auf einer Fläche von mindestens 75 m x 120 m, und zahlreiche Gräber dürften in der Vergangenheit beim Straßen- und Häuserbau zerstört worden sein, ohne daß sie Beachtung fanden. Insgesamt werden wir mit über 100 Gräbern für das ganze Gräberfeld zu rechnen haben; es dürften also auch noch viele unentdeckt im Boden ruhen.

Man hatte den Verstorbenen Gefäße beigegeben, die neben den Füßen oder Köpfen standen, einmal auch über dem Toten. Sie enthielten wohl Speise oder Trank; vom Gräberfeld Leest wissen wir, daß gelegentlich auch ein kleines Feuer darin brannte. Die Gefäße (Abb. 40) ermöglichen eine Datierung in das 10. bis 12. Jh. Besonderes Interesse fand das Gräberfeld deshalb, weil hier Holzeinbauten in den Grabgruben erkannt wurden. Wir hielten sie zunächst für

Särge. Erst bei genauerer Beobachtung erkannten wir dann, daß nicht Särge, sondern Holzeinbauten vorlagen, nämlich lange Seitenbretter, die oft über die kurzen Seitenbretter an Kopf- und Fußende hinausragten und gelegentlich von eingeschlagenen kleinen Pfosten gestützt wurden. Auch Bodenbretter und Deckel waren zuweilen gut erkennbar (Abb. 41). An den Füßen des Skelettes aus Grab 21 waren noch die Reste der Lederschuhe erhalten.

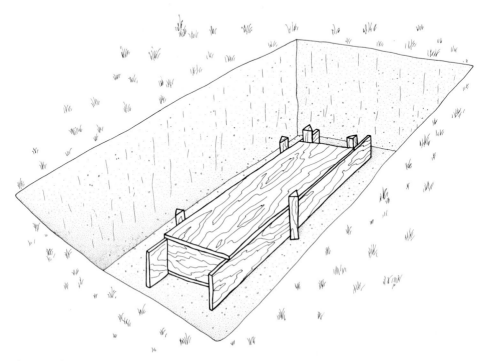

Abb. 41: Rekonstruktion der Holzeinbauten eines slawischen Grabes

Das deutsche Mittelalter

Der Hevellerfürst Pribislaw-Heinrich und seine Gemahlin Petrusa, die sich zum christlichen Glauben bekehrt hatten, standen in enger Beziehung zu Albrecht dem Bären, dessen Sohn Otto sie als Patengeschenk das Gebiet der Zauche übereigneten. Da beide ohne Leibeserben waren, setzte Pribislaw heimlich Albrecht zum Erben und Nachfolger ein. Als Pribislaw im Jahre 1150 starb, hielt Petrusa seinen Tod so lange geheim, bis Albrecht der Bär eintraf und Burg und Herrschaft als legitimer Erbe in Besitz nahm. Nicht alle Slawen waren mit dieser Regelung zufrieden, und deshalb gelang es einem Neffen des Pribislaw, dem Spreewanefürsten Jacza von Köpenick, mit polnischer Unterstützung und Verbündeten in der Besatzung der Brandenburg die Herrschaft über die Burg und das Havelland um 1153 an sich zu bringen.
Verbündet mit Erzbischof Wichmann von Magdeburg eroberte Albrecht die

Fürstenburg jedoch nach längerer Belagerung am 11. Juni 1157 zurück und begann, ein neues deutsches Fürstentum aufzubauen, die Mark Brandenburg. So wurde der Name der slawischen Fürstenburg namengebend für das Land bis zum heutigen Tage. Der Askanier Albrecht der Bär und seine Nachfolger nannten sich fortan Markgrafen von Brandenburg.

Sie sicherten das Herrschaftsgebiet durch die Besetzung slawischer Burgen und den Bau neuer Befestigungen. Widerstand seitens der slawischen Bevölkerung gab es selten, obwohl man bis zum Ende des 12. Jh. noch damit rechnete. Der slawische Adel und die übrige slawische Bevölkerung wurden weitgehend in die sich nun vollziehenden großen Veränderungen einbezogen.

Die Markgrafen riefen Adlige, Bürger und Bauern aus den Niederlanden, vom Niederrhein, aus dem Harzvorland und der Altmark ins Land, um neue Herrschaftsstrukturen zu schaffen, bisher unbesiedelte Gebiete zu nutzen und Dörfer und Städte nach deutschem Recht zu gründen. Man schätzt, daß sich die Bevölkerungszahl dadurch etwa vervierfachte. Es kam nun innerhalb weniger Jahrzehnte zu einer gewaltigen Wende in den wirtschaftlichen und sozialen Strukturen, zu einem komplizierten Entwicklungsprozeß, an dessen Ende sich die märkische Bevölkerung aus Deutschen, Niederländern und Slawen herausgebildet hatte. Nach 1157 existierten im Havelland nach unserer jetzigen Kenntnis mindestens 100 slawische Dörfer und Burgen, davon einige als vorstädtische Burg-Siedlungskomplexe wie z. B. Brandenburg, Potsdam, Phöben und Spandau. Nach den von Abgaben freien Anfangsjahren für die neu hinzuziehenden Bauern und Bürger war eine grundsätzliche Neuordnung und Verteilung des Landes erforderlich, eine Vermessung der Landanteile der Bauernstellen usw., um Grundlagen für die Einnahmen der Markgrafen, der Kirche und des Adels zu schaffen.

Während die Burgen die Herrschaft sicherten, begannen Ritter und Schulzen mit der Gründung neuer Dörfer (Abb. 42), mit Umsiedlungsaktionen, umfangreichen Waldrodungen und der Urbarmachung der Niederungen durch meliorative Maßnahmen. Die Dörfer, die sich vorwiegend der Erzeugung landwirtschaftlicher Produkte widmeten, bildeten die Voraussetzung für die Gründung der Städte, in denen sich vor allem Handel und Gewerbe konzentrierten, obwohl schon viele Stadtbürger Landwirtschaft betrieben. Man schätzt, daß die Wirtschaftskraft in den neuen Ländern etwa auf das Zwanzigfache anstieg.

Die Situation der slawischen Einwohner war nicht einfach. Sie sahen sich im eigenen Lande bald in der Minderheit. Sie fügten sich einer zwar auch für sie legitimen, aber doch fremden Herrschaft und hatten sich einer fremden Sprache, einem neuen Glauben, anderen sozialen Strukturen und fortgeschrittenen Wirtschaftsweisen anzupassen. Dort, wo ihnen das zunächst nicht so gelang, wurden sie zu besonderem Recht in ihren rein slawischen Dörfern hinsichtlich der Abgabenverpflichtungen oft insgesamt und in der Regel weniger hoch veranlagt. Viele aber wurden in die Entwicklung stärker einbezogen und gründeten gemeinsam mit deutschen Zuwanderern neue Gemeinwesen; davon zeugen die 153 Orte, die unter den 223 Dörfern und Städten des Havel-

Abb. 42: Hausbau nach einer Darstellung des Sachsenspiegels

landes slawische Namen tragen. Von ihren Rechten, Bräuchen, ihrer Sprache, Wirtschaft und Kultur aber wurde nur wenig überliefert. Die Kietze zeugen von ihnen, einige besondere Rechte, z. B. im Bereich der Fischerei bis in unser Jahrhundert, viele Personen-, Tier-, Flur- und Ortsnamen, die verlassenen „Dorfstellen" und Burgwälle, einige Sagen und abergläubische Vorstellungen. Zu den Kietzen muß noch einmal gesagt werden, daß es sich nicht um ursprüngliche slawische Ortsteile handelte, sondern um von den Markgrafen gegründete Siedlungen an Burgen des Landesherrn, in denen Slawen mit besonderen Rechten, Pflichten und eigener Verwaltung der jeweiligen Burg Dienste zu leisten hatten und die dieses Recht auch den Städten gegenüber behaupteten, wenn die Burg nicht mehr existierte. In den Kietzen scheinen sich sowohl slawische als auch deutsche Traditionen widerzuspiegeln, denn die Abhängigkeit der Kietzer geht vermutlich bereits auf die slawische Zeit zurück; die Ansiedlung von Abhängigen in kleinen Siedlungen in der Nähe der Burg ist dagegen schon aus dem Stammland der Askanier bekannt.

Der Aufbau der neuen Landesherrschaft vollzog sich nicht ungestört. Außer den Markgrafen von Brandenburg kämpften auch andere Feudalgewalten um Landbesitz in den neuen Ländern. Der Erzbischof von Magdeburg, der das Gebiet um Jüterbog erobert hatte, stieß bis in die Gegend von Potsdam vor. *H. Assing* und *Th. Herzog* vermuten, daß Orte wie Drewitz, Bornstedt und Seeburg von Gefolgsleuten des Erzbischofs gegründet wurden, wofür einige Indizien sprechen. So unterhielten z. B. die Herren von Bornstedt enge Beziehungen zum Erzbistum Magdeburg. Für Potsdam weist *H. Assing* darauf hin, daß die erste Potsdamer Steinburg und ihr Turm einen viereckigen Grundriß besaßen, wie er im Gebiet des Magdeburger Erzbistums vorherrschte, während die frühen askanischen Burgen runde Türme hatten.

Weiter südöstlich bemühten sich die wettinischen Markgrafen, ihren Machtbereich nach Norden auszudehnen, besetzten 1209 das Spreewanefürstentum und wurden erst um die Mitte des 13. Jh. von den Brandenburger Markgrafen zurückgedrängt. Das war die Zeit, in der die deutsche Stadt Potsdam entstand, unlösbar verbunden mit dem vorhergehenden slawischen Ort, dessen Namen sie übernahm.

Ein Jahr nach dem Tode des Markgrafen Waldemar im Jahre 1319 erlosch das Herrschergeschlecht der askanischen Markgrafen von Brandenburg, und unsere Heimat erlitt ein wechselvolles Schicksal unter den Markgrafen des Hauses Wittelsbach und des Hauses Luxemburg, bis mit dem Einzug des ersten Hohenzollern, des Burggrafen Friedrich von Nürnberg bzw. des Kurfürsten Friedrich I., dem die Bürger der Stadt Potsdam am 29. September 1412 huldigten, für die Mark Brandenburg eine bessere Zeit begann, die allerdings durch den Dreißigjährigen Krieg noch einmal unterbrochen wurde. Der Aufstieg Potsdams begann erst danach mit der Erhebung zur Residenzstadt unter dem Kurfürsten Friedrich Wilhelm (1640 bis 1688).

Die slawische Burg in deutscher Zeit

Die Deutschen besetzten gewiß bald nach 1157 die Burg Poztupimi, sofern sich deren Burgherr nicht der deutschen Herrschaft freiwillig unterwarf. Noch im 12. Jh. wird aber der Umbau zu einer deutschen Burg vollzogen worden sein, wie wir es von vergleichbaren Beispielen aus Brandenburg (Havel) und Spandau kennen. Im Jahre 1911 fand man auf dem Burggelände reichlich deutsche Keramik (Abb. 43,1) und sogar einen Radsporn des 12./13. Jh. (Abb. 38), so daß an der weiteren Nutzung der slawischen Burgstelle unter deutscher Herrschaft kein Zweifel besteht. Schon *E. Fidicin* berichtete im Jahre 1858: „Nach einer alten Sage, welche sich durch die Jahrhunderte fortgepflanzt hat, stand auf einer Insel der Havel, am östlichen Ende der Burgstraße, die alte Burg Potsdam, auf deren Trümmer die Heiligegeistkirche gebaut worden sein soll."

Die Frage ist, wie diese Burg damals wohl aussah, und hier müssen wir schlicht und einfach bekennen, daß wir es noch nicht wissen. Es gibt aber Parallelen an anderen Orten, die uns für Potsdam Vermutungen erlauben. Zunächst einmal wird der Holz-Erde-Wall der slawischen Burg erhalten geblieben sein, denn er schützte zweckmäßig auch gegen Hochwasser. Nun kann man wie in Spandau den Burginnenraum aufgeschüttet haben, so daß ein Turmhügel entstand. Diese Turmhügel, ein in ganz Europa verbreiteter Burgentyp, waren mit einer Palisade und einem Holz- oder Steinturm versehen, gelegentlich auch mit Bastionen. Eine Brücke überspannte den Burggraben. Unter dem Turm konnte sich ein steinernes Gewölbe befinden, wie es heute z. B. noch im Burghügel von Trebbin zu sehen ist. Von Darstellungen des Bildteppichs von Bayeux kennen wir diesen Burgtyp sehr genau (Abb. 44). Sollte man keinen Burghügel aufgeschüttet haben, so dürfte in der Burg zumindest ein Gebäude aus Stein errichtet worden sein, der sogenannte Palas, für gewöhnlich in den Maßen von 9 m x 20 m. Zu denken gibt jedenfalls, daß die alte Burgstelle noch bis in die Entstehungszeit der Heiliggeistkirche von einem Graben umgeben war, über

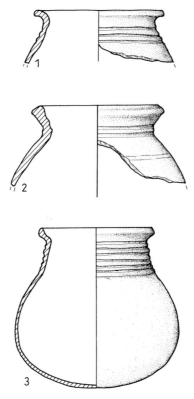

Abb. 43: Die älteste deutsche Keramik. 1 von der slawischen Burgstelle, 2 vom Alten Markt, 12. Jh., 3 aus den Flußuferschichten, 13. Jh.

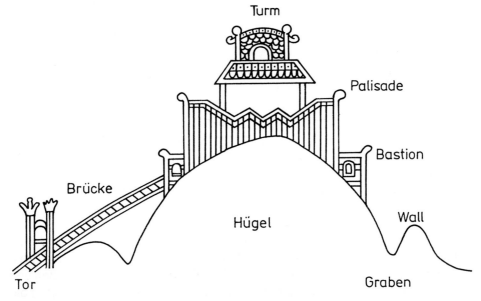

Abb. 44: Turmhügelburg nach einer Darstellung auf dem Bildteppich von Bayeux

den eine Brücke zum kurfürstlichen Weinkeller auf der Insel führte. Er könnte vielleicht auf ein mittelalterliches Gebäude zurückgehen.

Die Burgstraße

Der Kietzerschulze von Potsdam berichtete zum Jahre 1570, daß in der Burgstraße zwischen dem östlichen Stadtgraben und der alten Burgstelle am nördlichen Ufer der „Alten Fahrt" an Fischern „vor alters über 4 oder 5 nicht gewesen" seien, ihre Zahl jetzt aber auf 28 angestiegen wäre, weshalb eine Erhöhung ihrer Zahl untersagt wurde. Wie die Kietzer waren die Burgstraßer keine Stadtbürger, und die Entstehung dieser Fischergemeinde ist noch völlig ungeklärt. Man hat vermutet, daß ursprünglich hier der Kietz zur ersten deutschen Burg auf dem einst slawischen Burgwall gelegen hätte und daß nach der Umsetzung der abhängigen slawischen Fischer einige wohl deutscher Herkunft hier verblieben wären. *F. Bestehorn* machte zehn schmale Grundstücke an der „Alten Fahrt" aus, auf denen seit jeher die Fischereirechte lagen. Die Wiesen zwischen den Hütten und dem Ufer wurden zum Trocknen der Netze und zur Pflege der Boote genutzt und erst im 19. Jh. parzelliert. Es fällt allerdings auf, daß die Pflichten gegenüber dem Landesherrn wesentlich geringer waren als die der Kietzer. Sie waren alle zwei Wochen einen Tag zu Handdiensten verpflichtet und nur in der Ernte zu zwei Tagen in der Woche, wofür sie Speise und Trank erhielten. Sie zahlten 10 Groschen und 8 Pfennige Zins, Fuhr- und Holzhauergeld an das Amt und durften mit kleinem Garn (Abb. 45) auf der Havel fischen, und zwar von der Brücke am Schloß aufwärts bis zur

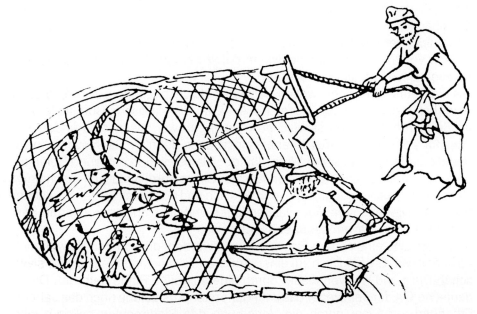

Abb. 45: Fischzug mit dem kleinen Garn (aus der Legende über die heilige Hedwig – 1353)

Nedlitzer Fähre. Die Fischerei mit großem Garn dagegen wurde alle sechs Jahre neu verpachtet. 1722 wurden die Burgstraßer endlich Stadtbürger und von allen Diensten befreit, außer vom Schwanengreifen. Das Einfangen der Schwäne durch die Burgfischer wurde angeordnet, um den Bedarf des Hofes an hochwertigen Daunen für Kissen und Betten zu dekken. Nachdem ihnen die Daunenfedern ausgerupft waren, wurden die Vögel wieder freigelassen. Erst im Jahre 1738 verfügte Friedrich Wilhelm I. die Einrichtung weiterer zehn Fischergrundstücke in der Kleinen und Großen Fischerstraße und an der Heiliggeistkirche, damit für Bürger und Soldaten ausreichend billige Fischnahrung im Angebot war. Die Altstädtische Fischerinnung entstand Ende des 18. Jh. und zählte 25 Mitglieder.

Die Turmburg am Havelübergang

Im Gebiet von Potsdam kreuzen sich Land- und Wasserwege. Wegen ihrer günstigen Lage an der Havel gegenüber der Nuthemündung konnten von der slawischen Burg Poztupimi aus sowohl die Wasserwege auf der Havel und der Nuthe als auch der westlich von Burg und Siedlung vorbeiführende Weg vom Teltow und der Zauche über die Havel in das Havelland und umgekehrt kontrolliert werden. In slawischer Zeit ließ sich die Havel wohl durch eine Furt im Bereich der heutigen Langen Brücke durchqueren. Der Wasserstand war, abgesehen von jahreszeitlich bedingten Schwankungen, wesentlich niedriger als heute. Zum einen lagen die Havelufer etwa 50 m weiter nördlich und südlich der heutigen Ufer, d. h. das Flußbett war etwa 100 m breiter, und an der Stelle der Freundschaftsinsel gab es nur eine Ansammlung kleiner flacher Inseln und Sandbänke, die zum Überqueren genutzt werden konnten. Zum anderen hatte noch nicht der Mühlenstau eingesetzt, der sich erst in deutscher Zeit mit der Anlage von Wassermühlen auswirkte und zu einem Ansteigen des Wasserspiegels um mindestens 1 m führte.

Als die Deutschen in der zweiten Hälfte des 12. Jh. begannen, sich in Potsdam dauerhaft niederzulassen, besetzten sie zwar die slawische Burgstelle, aber im Bereich der offenen slawischen Siedlungen war aus zwei Gründen kein Platz für sie. Der eine Grund war ein juristischer, denn die Rechtsverhältnisse und die anders organisierte Wirtschaft der Slawen ließen das enge Beieinander deutscher Zuwanderer und ansässiger Slawen problematisch erscheinen. Der zweite Grund bestand darin, daß westlich und nordwestlich der slawischen Burg überwiegend sumpfige Flächen lagen und die wenigen trockenen Sandinseln nur den Slawen genügend Raum boten.

So mußte also eine andere Fläche gesucht werden, die von den Slawen nicht besiedelt war. Sie fand sich auf einer größeren Talsandinsel westlich der slawischen Burg und war von dieser durch eine sumpfige Rinne getrennt. Dieser deutsche Ort, für den weder das Jahr der ersten Ansiedlung noch das Jahr der Erhebung zur Stadt durch die Verleihung des Stadtrechtes bekannt sind, umfaßte die Fläche zwischen der Havel und dem sumpfigen Niclassee, dem heutigen Platz der Einheit. Ein teilweise doppeltes, fast halbkreisförmiges Graben/Wallsystem mit oder ohne Palisade oder Mauer darauf, das sich eng an den abfallenden Rand der Talsandfläche anlehnte, schützte die für die Bebauung vorgesehene Fläche. Die gerade Basis dieses Halbkreises bildete im Süden das offenbar nicht sonderlich befestigte Havelufer. Im Osten verlief der Bogen des Grabens vom Ufer ausgehend auf der westlichen Seite der Joliot-Curie-Straße, bog unter der Gaststätte „Atlas" nach Westen um, ging unter den Geschäften Am Kanal weiter bis zum Sumpf am Niclassee, dann schräg zur Schwertfegerstraße und von dort im Bogen unter dem Marstall zur Havel, wo er in diese nahe dem Hotel Mercure mündete, wobei die Havel fast bis zur heutigen Breiten Straße reichte.

Der Havelübergang endete nun im Norden am südlichen Stadtrand, den das Havelufer bildete. Die Straße aus dem Teltow und der Zauche führte durch die verwinkelten Straßen des Städtchens zum Grüntor (Ecke Am Kanal/Joliot-Curie-Straße) hinaus durch die Potsdam umgebenden Sümpfe nach Spandau im Norden.

Es ist nicht überliefert, ab wann der durch den Mühlenstau und andere Ursachen gestiegene Wasserspiegel ein einigermaßen sicheres und trockenes Passieren der Havelfurt unmöglich machte. Für das Jahr 1317 erwähnt eine Urkunde beiläufig für Potsdam eine Holzbrücke über die Havel. Ob es die erste überhaupt war, ist aber, wie auch der Zeitpunkt ihrer Erbauung und ihres Endes, unbekannt. Dem Landbuch Kaiser Karl IV. zufolge beförderte im Jahre 1375 eine Fähre die Reisenden über die Havel. Erst im Jahre 1416 erhielt die Stadt Potsdam von dem neuen Markgrafen Friedrich von Hohenzollern das Recht, wieder eine Brücke zu errichten und Brückenzoll anstelle des Fährgeldes zu erheben.

Diesen Havelübergang, sei es in Form einer Furt, einer Fähre oder einer Brücke, galt es zu kontrollieren und zu schützen sowie gleichzeitig das Fährgeld bzw. den Brückenzoll zu kassieren. Um die genannten Aufgaben wahrnehmen zu können, entstand etwa 600 m westlich der ältesten deutschen Burg, die auf dem alten slawischen Burgwall Poztupimi errichtet worden war, am Havelufer im südwestlichen Teil des späteren Altstadtgebietes eine neue Befestigung als Stützpunkt des Landesherrn. Es ist bis heute unbekannt, wann sie errichtet wurde.

R. Hoffmann hatte auf Grund von Pfostenlöchern und anderen schwachen Spuren zeitweilig an dieser Stelle ein einfaches rechteckiges Holz-Erdewerk angenommen. Nach einer Überprüfung der Ausgrabungsunterlagen von 1950/52 und 1960/61 ist die Existenz einer solchen Burg mit den archäologischen Befunden nicht zu beweisen.

Bereits am 26. September 1946 entdeckte R. Hoffmann in einem Rohrgraben vor der Wand des Mittelbaues im Stadtschloßhof ein starkes Fundament aus Findlingen von 1,60 m Breite, das nur als Rest der ältesten Burg angesehen werden konnte, weil es sich keinem der jüngeren Grundrisse der später errichteten Burgen- und Schloßbauten einfügte. Es waren, wie R. Hoffmann nach

Abb. 46: Innenecke des Viereckturmes

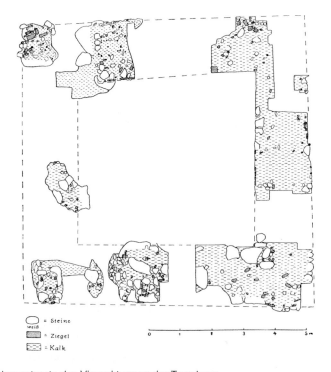

weiß = Steine
= Ziegel
= Kalk

0   1   2   3   4   5 m

Abb. 47: Fundamentreste des Viereckturmes der Turmburg

den weiteren Ausgrabungen der Jahre 1950 und 1952 vermutete, die Reste einer abgetragenen Umfassungsmauer, die in Nordsüdrichtung auf 30 m Länge bis zu einer Ecke nachgewiesen wurde, wo sie nach Osten bzw. Nordosten abbog. Der weitere Verlauf blieb ungeklärt, weil in der Ruine des Stadtschlosses keine Gelegenheit zu weiteren Untersuchungen gegeben war. Im Jahre 1989 haben wir die Fortsetzung der steinernen Umfassungsmauer trotz aufmerksamer Beobachtung nicht gefunden. Sie hätte östlich des letzten Stadtschlosses liegen müssen. Entweder wurde dieser Mauerzug nicht vollendet oder aber diese Mauer wurde vom östlichen Fundament des späteren Stadtschlosses völlig überbaut bzw. machte den Kern dieses Fundamentes aus, denn dieses enthielt im Kern Backsteine im sogenannten Klosterziegelformat. Das nördliche und das südliche Fundament dieses Mauerzuges könnten noch ungestört in der Erde erhalten sein.

Wie die Ausgrabungen der Jahre 1958 bis 1960 durch das Museum für Ur- und Frühgeschichte Potsdam zeigten, besaß ein Viereckturm ein ganz ähnliches Mauerwerk. Er stand in dem durch die Umfassungsmauer gebildeten Winkel und war in den Grundriß der späteren großen Burg einbezogen, obwohl er nicht so recht in deren östliche Mauerflucht paßte. Die Grundmauern dieses Viereckturmes bestanden wie der 1946 aufgedeckte Mauerzug aus großen Findlingen, die in Kalkmörtel mit Bruchstücken von Klosterziegeln gemauert waren (Abb. 46). Dieses Fundament ließ trotz seiner starken Zerstörungen durch die Mauern der jüngeren Schloßbauten sowie durch zahlreiche Ver- und Entsorgungsleitungen noch seine etwas schiefwinkligen Ausmaße von etwa 9 x 9 m äußerer Länge und 5 x 5 m innerer lichter Weite bei einer durchschnittlichen Mauerbreite von 1,7 bis 1,8 m erkennen (Abb. 47). Nicht nur die Mauern selbst, sondern auch der ganze Innenraum und die unmittelbar angrenzende äußere Umgebung waren durch jüngere Bauarbeiten so gestört, daß mit archäologischen Methoden keine noch so vorsichtige Datierung vorgenommen werden kann. Anhaltspunkte bieten nur die Parallelen aus anderen deutschen Landschaften, die spätestens gegen Ende des 13.Jh. erbaut wurden (Abb. 48). Wie eine solche kleine Befestigung mit Turm und Wehrmauer aussah, vermittelt uns eine Darstellung aus dem Sachsenspiegel (Abb. 49). Diese einfache Turmburg, die lediglich zum Schutz und zur Kontrolle des Havelübergangs diente und dafür auch genügte, bestand bis zum Bau der zweiten Burg. Dann wurde die alte Wehrmauer abgetragen und nur der Turm in den Grundriß der jüngeren größeren Burg einbezogen.

Wir besitzen eine Beschreibung des Viereckturmes aus dem Jahre 1650, die zwar einen jüngeren Zustand schildert, den wir aber hier mit unseren Worten wiedergeben wollen, unter Weglassung von Einzelheiten. Das Erdgeschoß des „Viereckichten Turmes" enthielt die Zollstube, ein „Cabinettken", eine Kammer, eine Tür und vier Fenster. Im ersten Geschoß über der Zollstube befand sich ein Flur mit einem Fenster und ein Gemach mit vier Fenstern und einer Tür, durch die man auf den hölzernen Wehrgang der Umfassungsmauer gelangte. Das zweite Geschoß besaß einen Flur, ein Gemach mit Tür, 14 ver-

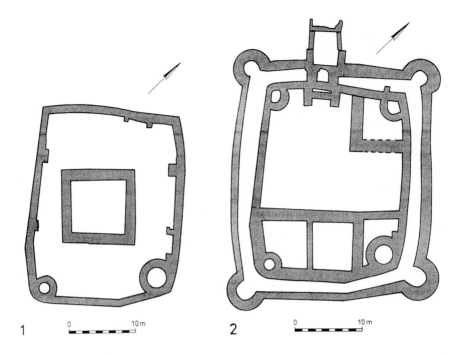

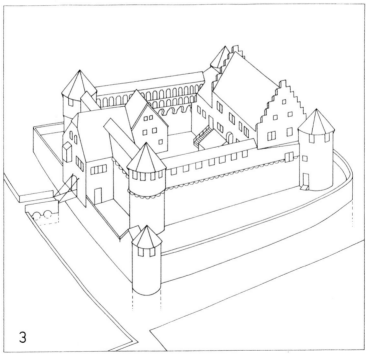

Abb. 48: Schloß Dalau, Gem. Elztal, Neckar-Odenwald-Kreis. Entwicklungsetappen der Anlage:
1 Turmburg mit Viereckturm und Umfassungsmauer, 2. Hälfte 13. Jh., 2 erweiterte Burg mit vier
runden Ecktürmen, nach 1416 (1438?), 3 Rekonstruktion des Zustandes der Burg von 1668

Abb. 49: Darstellung einer kleinen Turmburg im Sachsenspiegel

glasten Fenstern und drei Erker, einer mit Schiefer, zwei mit Blei gedeckt. Das dritte Geschoß wies acht Fenster auf. Ein weiteres Fensterloch war unter dem Turmdach angebracht. Der hölzerne Ober- und Untergang nach diesem Turm war verfallen und die Stützen in der Erde abgefault.

Die Erker und sicher auch die Tür im Erdgeschoß können wir vermutlich als jüngere Zutaten weglassen, dann haben wir einen Eindruck von dem Turm im 13. Jh. Die Gesamthöhe des Turmes dürfte etwa das Zweifache der Breite betragen haben, also etwa 18 m, die Geschoßhöhe etwa 4 m. Das ist ein beachtlicher viergeschossiger Wohnturm, ein Bergfried, gewesen (Abb. 50).

Abb. 50: Rekonstruktion der Potsdamer Turmburg und der Bebauung am nördlichen Havelufer

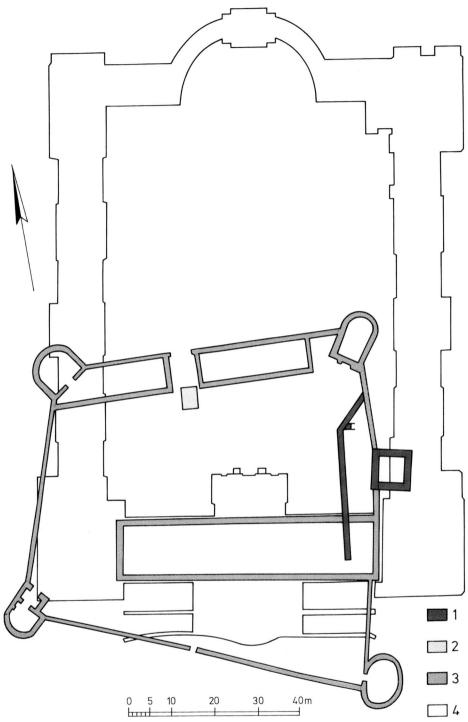

Abb. 51: Grundrisse der Bauten auf dem Schloßgelände.
1 Turmburg, 2 Haus des 14. Jh., 3 „Renaissanceburg", 4 Stadtschloß Friedrich II.

Die jüngeren Burgen und Schlösser

Als diese relativ kleine und einfache Burganlage, die etwa einer Turmhügelburg des brandenburgischen Adels entsprach, nicht mehr den Anforderungen gerecht wurde und wahrscheinlich auch nicht mehr dem gewachsenen Repräsentationsbedürfnis des Markgrafen genügte, entstand unter Einbeziehung des Vierecklurms als Bergfried eine neue größere Burg, die nun das gesamte südwestliche Viertel der Stadt innerhalb der Umwallung einnahm. Die Baufreiheit für das dafür benötigte Gelände wurde durch den Abriß von Bürgerhäusern geschaffen.

Dieses oft als Renaissanceburg bezeichnete Bauwerk besaß einen unregelmäßig viereckigen Grundriß mit je einem Rundturm an den Ecken. Die Längen der Mauerfronten betrugen im Westen etwa 53 m, im Norden etwa 66 m, im Osten etwa 79 m und im Süden etwa 75 m. Die südliche Front stand bereits auf in die Havel geschüttetem Boden. Die Ostseite war etwas nach außen gewinkelt, um den Vierecklurm einzubeziehen. Im nördlichen Mauerzug befand sich die als Kammertor angelegte Einfahrt, die mit einem Torhaus überbaut war (Abb. 51). Den Berichten und Visitationsprotokollen des 16. und 17. Jh. ist zu entnehmen, daß die umlaufenden Wehrmauern bis in die erste Etage reichten und alle Türme Stockwerke, z.T. aus Fachwerk, hatten. Im südlichen Drittel des Burghofes erhob sich das mit dem Giebel an die Ostmauer angebaute Hauptgebäude (Abb. 52) – das Schloß oder später das alte Haus genannt –, für das

Abb. 52: Beim Abriß des Stadtschlosses entdecktes mittelalterliches Feldsteinmauerwerk des Katharinenbaues

Abb. 53: Rekonstruktion der sogenannten Renaissanceburg

Abb. 54: Von *R. Hoffmann* freigelegte Grundmauern der Toreinfahrt der Renaissanceburg

neben dem Erdgeschoß zwei Etagen und ein Dachgeschoß beschrieben werden (Abb. 53). Die wasserseitige Südfront dieses Gebäudes stand auch schon
auf einer ursprünglich in der Havel gelegenen Sandbarre. Zwischen dem
Schloß und der südlichen Mauer befand sich ein Garten. Es ist nicht auszu-
schließen, daß das Hauptgebäude mit Bedacht an die Ostmauer gebaut wurde,
um den über die Ringmauer hinausragenden Giebel als vierten Turm in die
längste Front einzubeziehen, an der nicht nur der Verkehr von und zum Havelübergang in und durch die Stadt, sondern auch jegliche feindliche Eindring-
linge vorbei mußten und so besser bekämpft werden konnten.

Ein alter Plan dieser Burg im Geheimen Staatsarchiv in Berlin weist aus, daß an der nördlichen Mauer innen beiderseits des knapp 5 m breiten Tores weitere Gebäude standen. Nach den bereits genannten Berichten handelte es sich um Wirtschaftsbauten und Ställe. 1960/61 konnten deren 1,5 bis 1,8 m breite Fundamente aus großen Findlingen, Feldsteinen und Ziegeln (Abb. 54) auf der östlichen Torseite in den Grabungsflächen erfaßt werden sowie auch die Trassen von alten hölzernen Röhren mit kupfernen Verbindungsstücken, die diesen Anbau mit Wasser versorgten. Von dem auf der westlichen Torseite eingezeichneten Anbau fanden sich bei der Ausgrabung keinerlei Spuren.

Unmittelbar südlich der Tordurchfahrt wurden von einem Haus die Reste der Kellergrube von 3,0 x 3,5 m Grundfläche freigelegt. Die aufgefundenen, als Auflieger zu deutenden Steine lassen vermuten, daß es sich um einen Fachwerkbau mit Schwellrahmenkonstruktion handelte (Abb. 55). Da sicher nur ein Raum dieses Hauses unterkellert war und die ebenerdigen oder nur flach eingetieften Wandspuren durch jüngere Bodenbewegungen beseitigt wurden, läßt sich über die vollständige Größe dieses Hauses nichts aussagen. Da es jeglichen Verkehr durch das Burgtor verhindert hätte, muß es älter als die Burg selbst sein. Es handelt sich zweifellos um eines der Bürgerhäuser, die dem Burgenbau zum Opfer fielen. Die Funde aus dieser Kellergrube erlauben, das

Abb. 55: Planum des eingetieften Hauses mit Traufsteinpflaster, das in der Toreinfahrt der Renaissanceburg gefunden wurde

Ende dieses Hauses in die Zeit um 1350 anzusetzen. Sie geben damit einen Anhaltspunkt für den frühestmöglichen Bautermin der zweiten Burg.

Die wenigen frühen Urkunden schweigen sich über eine Burg in Potsdam aus. Erst im Landbuch Kaiser Karls IV. von 1375 wird für Potsdam auch eine Burg verzeichnet. Solange die Materialien der stadtarchäologischen Untersuchungen nicht ausgewertet sind, kann nicht entschieden werden, ob es sich bei der erwähnten Burg noch um die kleine Turmburg oder schon um die größere fünftürmige Burg handelt, die erst nach 1350 erbaut sein kann. Die indirekten Hinweise auf eine Befestigung

— Schutz und Kontrolle des Havelüberganges, in den ersten Jahrzehnten nahe der Landesgrenze,

— Erhebung von Fährgeld oder Brückenzoll, 1317 Brücke, 1370 Zollstation erwähnt,

könnten sich dann nur auf die erste Burg mit dem Viereckturm beziehen. Daß die Burg in schriftlichen Quellen nicht erwähnt wurde, kann ganz unterschiedliche Gründe haben, so z. B. daß kein Besitzerwechsel stattfand oder daß Urkunden nicht erhalten sind. Die weitere Geschichte der Burg Potsdam im 15. bis 17. Jh. wird bestimmt von den Nachrichten über ihre wechselnde Verpfändung und Einlösung zusammen mit der Stadt durch die jeweiligen Landesherren und über den ständigen Verfall an allen Bauteilen einschließlich durchgeführter Reparaturen und Instandsetzungen. Als die Kurfürstin Katharina die Burg Potsdam als Witwensitz erhielt, war der Ruin so weit fortgeschritten, daß sie kurzerhand 1598/99 das Hauptgebäude völlig abtragen und ein neues Schloß mit bescheidenem Luxus errichten ließ. Auch die Wehrbauten der Türme und Ringmauern wurden in diese Rekonstruktion einbezogen. Da die Arbeiten offenbar nicht zu Ende geführt wurden, setzte bald wieder der Verfall ein. Eine erneute Verpfändung und wechselnde Besatzungen im Dreißigjährigen Krieg beschleunigten den Verfall so, daß die Witwe des Schwedenkönigs Gustav Adolf 1646 das Schloß nicht bewohnen konnte. Der Zustandsbericht von 1650 beschrieb das Bild einer Ruine. 1659 entschloß sich der Große Kurfürst Friedrich Wilhelm, die Reste der Burg abtragen und an ihrer Stelle ein Schloß ohne Wehranlagen erbauen zu lassen.

Der flache Graben, der 1989 an der Ostseite des friderizianischen Stadtschlosses erkannt werden konnte, scheint eher als Ziergraben zum Schloß des großen Kurfürsten, denn als Wehrgraben zur zweiten Burg gehört zu haben.

Die Geschichte der Burg Potsdam endet somit völlig unkriegerisch, wie sie auch während ihrer Existenz offenbar keine größeren Kampfhandlungen erlebt hat, da das Städtlein Potsdam in jenen Jahrhunderten offenbar zu arm und unbedeutend war, um Ziel aktiver militärischer Handlungen zu sein.

Das auf dem Areal der Burg im holländischen Stil von 1664 bis 1670 erbaute kurfürstliche Schloß (Abb. 56) entsprach bald nicht mehr den Ansprüchen und mußte in den Jahren 1679 bis 1682 vergrößert werden. Dazu wurden 40, z.T. als Folge des 30jährigen Krieges noch wüste Hausstellen Potsdamer Bürger in

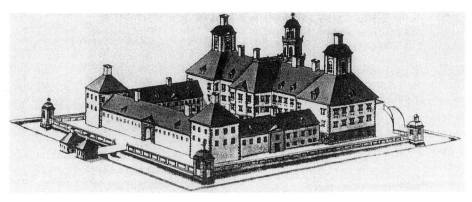

Abb. 56: Das Stadtschloß zu Potsdam 1672, von der Stadt aus gesehen, Zeichnung von *J. G. Memhardt*

das Schloßgelände einbezogen. Kurfürst Friedrich III., der spätere König Friedrich I., ließ ab 1695 Um- und Ausbauten am Stadtschloß vornehmen, die den Einfluß der französischen Architektur erkennen ließen. Es entstand in dieser Zeit auch das Fortuna-Portal. Unter König Friedrich II. erfolgte innen und außen erneut eine Umgestaltung, die bis zur Zerstörung 1945 und bis zum Abriß der Ruine das Aussehen des Stadtschlosses bestimmte.

Ein besonders problematisches Kapitel der Potsdamer Befestigungsanlagen sind die vom Kurfürsten Joachim I. zwischen 1526 und 1535 veranlaßten Schutzbauten. Mit Sicherheit wurde westlich der Burg, vermutlich bis zum Niclassee, das Graben-Wallsystem der Stadt verändert, d. h. einschließlich Kietztor von der Burg weg in Richtung Kietz nach Westen verlegt. Es wurde „Kytz wärts" auch eine noch nicht genau lokalisierte Bastei mit Wohn- und Defensivkasematten aus Holz und Steinen zum Beschuß des Grabens mit Feuerwaffen errichtet, die über einen hölzernen Gang, wohl ein brückenähnliches Bauwerk, vom Wehrgang der Burgmauer aus zu erreichen war. Die Bastei kann daher nicht allzuweit von der Burg entfernt gestanden haben. Sie hatte keinen langen Bestand, denn im Jahre 1545 verteidigt sich der Amtshauptmann v. Köckeritz gegen die gegen ihn erhobenen Vorwürfe der Veruntreuung von Baumaterial aus dieser Bastei mit dem Hinweis darauf, daß bei seinem Dienstantritt die Gewölbe der Bastei schon einsturzgefährdet waren. Er habe die Steine der Gewölbe und die Bretter des Ganges für Reparaturen an der Burg und der Amtsmühle verwendet und nicht für private Zwecke benutzt.

Aus der ausdrücklichen Angabe, daß die neue Bastei „Kytz wärts" gelegen habe, kann geschlossen werden, daß es sich dabei nicht, wie z.T. angenommen, um den Ausbau des Nordostturmes der Burg gehandelt haben kann. Von ihm aus konnte auch nicht der Stadtgraben, sondern nur die an der Burg vorbeiführende Straße und die Stadt selbst beschossen werden, sofern nicht ein in geringer Entfernung nördlich der Burgmauer verlaufender Wall diesem im

Wege stand. Dieser Wall, der ebenfalls mit den von Kurfürst Joachim I. ausgelösten Aktivitäten in Verbindung gebracht wird, ist vom östlichen Bogen des Stadtgrabens/Walles in der Verlängerung der Joliot-Curie-Straße zur Havel nach Westen zu entlang der Havelseite des Hauses Albert-Klink-Straße 1/2 (früher Blücherplatz bzw. Scharrenstraße) am Alten Rathaus (Kulturhaus Hans Marchwitza) und vor der Nikolaikirche über den Alten Markt bis etwa zur Friedrich-Ebert-Straße nachgewiesen. Unter dem heutigen Pflaster des Alten Marktes reicht er bei einer Breite von 8 m noch 2 m hinab. Um ein rasches Auseinanderfließen zu verhindern, wurde er ordentlich mit Faschinen verbaut. Die im oberen Teil liegenden unbearbeiteten 8–15 cm dicken Kiefernstämme dienten offenbar ebenfalls nur zur Stabilisierung der Wallerde, denn es fehlen entsprechende Abnutzungsspuren und Verbauungen, die sie als Bestandteile eines dem Verkehr dienenden Knüppeldammes ausweisen würden (Abb. 57). Über den oberen Abschluß mit Wehrgang oder Palisade ist nichts bekannt. Die Füllerde des Walles besteht aus einer schwarzen Mischung aus Sand und Schlamm, die reichlich mit Abfällen aus der Hauswirtschaft (Scherben, Knochen) und dem Handwerk (Lederreste, Holzspäne u.ä.) durchsetzt ist. Offenbar hat man hier das bei der Räumung des Stadtgrabens anfallende Material benutzt. Anhand der aus der Wallerde stammenden Scherben wird vermutet,

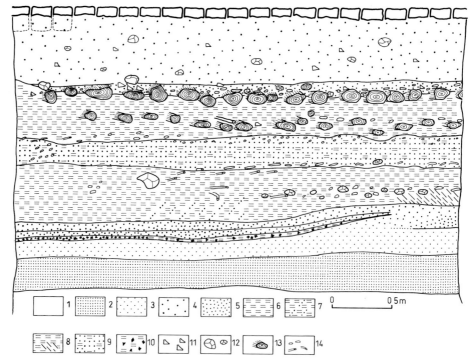

Abb. 57: Profil des Joachimschen Walles auf dem Alten Markt. Legende: 1 weißer Sand, 2 gelber Sand, 3 hellgrauer Sand, 4 grauer Sand, 5 dunkelgrauer Sand, 6 schwarze Erde, 7 schlickige schwarze Erde, 8 tonige schwarze Erde, 9 dunkelgraue und schwarze Erde, 10 schwarze Erde mit Holzkohle, 11 Ziegel, 12 Stein, 13 rundes Holz, 14 Faschinen

daß er aus der Zeit Joachims I. stammt. Da er das Gelände der Stadt in einen südlichen Teil mit der Burg und dem Rathaus und einen nördlichen Teil mit der Mehrheit der Bürgerhäuser und der Kirche trennte, sollte er wohl die Burg in den unruhigen Zeiten der Reformation und des Bauernkrieges vor einem Angriff seitens der Bürger schützen.

Der Kietz

Nur wenige Meter abseits des flutenden Verkehrs auf der Breiten Straße liegt die Kietzstraße, eines der schönsten Gebiete der Stadt Potsdam. Zwei Fahrbahnen, an denen schlichte Rokokobauten und Häuser aus der Jahrhundertwende stehen, schließen einen dorfangerähnlichen, mit alten Kastanien bestandenen Platz ein. Still ist es hier und schattig, und trotz abseitiger Lage findet der Besucher hier eine Gaststätte, den „Froschkasten". Das Schankrecht auf dem Kietz geht auf das Mittelalter zurück, in der Regel besaß es der Kietzerschulze. Erst nach 1722 erhielt die Kietzstraße ihre heutige Gestalt, denn der alte Potsdamer Kietz war lediglich halb so lang, eine breite kleine Sackgasse, nur von Nordosten her zugänglich. Im Jahre 1349 verlieh Markgraf Woldemar denen von Torgow den „Kytz zu Postamp mit allem Rechte". Damals sah es hier ganz anders aus. Das gesamte Gelände ist nämlich seither um 1,20−1,70 m durch Aufschüttung erhöht worden, wie wir aus Erdaufschlüssen wissen, bei denen in der untersten Schicht Scherben des 13. Jh. lagen. Die Bebauung zwischen Kietz und Havel fehlte damals noch. Das kleine Dorf bestand aus 22 Hütten auf erblichen Hofstellen, die slawischen Bewohnern gehörten, wie das Landbuch der Mark Brandenburg von 1375 erwähnt. Es sind vermutlich Blockbauten oder mit Lehm verputzte Flechtwerkhäuser gewesen, mit Dächern aus Schilfrohr und Feuerstellen mit ebenerdiger Lehmplatte im Innenraum. Am Ufer der dicht westlich und nordwestlich fließenden Havel, wo sich jetzt die abgeschlossenen Stege der Segel- und Motorboote befinden, lagen die Boote und hingen die Netze der Kietzer, deren Haupterwerbszweig die Fischerei war. Die Havel umgab den Kietz von Süden bis Nordwesten, da die Neustädter Havelbucht bis zur heutigen Kreuzung von Linden- und Charlottenstraße reichte. Die Kietzer waren keine Stadtbürger und konnten es auch nicht werden. Vielmehr bildeten sie ein eigenes Gemeinwesen mit einem Schulzen, der Gericht hielt und Schankrecht besaß. Der Kietz war eine Dienstsiedlung zur Burg bzw. zum Schloß des Landesherrn. Diese besondere rechtliche Stellung der Kietzer entstand mit der deutschen Herrschaft im 12. Jh. und endete in Potsdam erst im Jahre 1722, als die Kietzer das Bürgerrecht der Stadt Potsdam erhielten. Die Abgaben, die der Landesherr im Jahre 1375 insgesamt von den Slawen aus dem Potsdamer Kietz forderte, waren 1 Talent, das sind 40 Schillinge an Zins (Pacht), 24 Schillinge an Bede (Steuer), 28 Schillinge für Holz und 60 Aale. Dazu hatten sie an ihren Schulzen 12 Schillinge zu geben.
Erst zum Jahre 1589 erfahren wir Genaueres über ihre Dienstpflichten gegen-

über dem Landesherrn. Sie hatten die Zimmer des Schlosses zu reinigen, auf den Äckern Getreide aufzuharken und zu binden, Flachs zu bereiten, Garne zu spinnen, Wiesen zu mähen, Gärten und Weinberge zu pflegen und Botendienste bis 4 Meilen Entfernung zu leisten. Während dieser Tätigkeiten wurden sie mit Brot, Käse, Kohl, Fisch und Getränk beköstigt. Der Kietzerschulze war von diesen Diensten befreit, mußte aber 6 Groschen Zins und einen Taler und 10 Groschen für das Schankrecht zahlen sowie auf eigene Kosten ständig ein Schiff für den Landesherrn bereithalten.

Die Kietzer besaßen Fischereirechte auf der Havel flußabwärts von der Brücke am Schloß bis zum Schwielowsee. Die Rechte waren hinsichtlich der Bereiche auf der Havel, der Fangmethoden und des Verkaufes genau festgelegt. Im Jahre 1823 ging aus den Kietzern die „Neustädter Fischerinnung" hervor. Bis in die Neuzeit hinein war die Versorgung der Potsdamer Bevölkerung durch die Fischerei auf der Havel von großer Bedeutung.

Im Jahre 1935 fand man beim Ausbaggern der Fahrrinne in der Havel zwischen Tornow und Kiewitt eine Unmenge von 1,50 m langen und 10–15 cm starken, z.T. gespaltenen Eichenpfählen, die sehr lang angespitzt waren. Es kann sich nur um die Pfähle eines großen Fischwehres an dieser für den Fischfang besonders günstigen Stelle handeln. Es liegt zwar im Gebiet der Kietzfischerei, jedoch wurden solche großen Fischwehre gesondert vergeben. Bereits 1375 wird ein Fischwehr bei Potsdam genannt, das als Lehen an den Stadtpräfekten verliehen war. Auch im 15. und 16. Jh. wird immer wieder ein Lehnswehr in Urkunden erwähnt, das der Landesfürst vergab. Es ist durchaus möglich, daß 1935 die Reste dieses Wehres gefunden wurden.

Die mittelalterliche Stadt Potstamp

Wie bei vielen märkischen Städten liegen die ersten Anfänge der deutschen Ansiedlung sozusagen im Dunkel der Geschichte, denn keine schriftliche Überlieferung berichtet darüber. Wir gewinnen allerdings einige Hinweise auf die Form und Innengliederung der Potsdamer Altstadt durch den Stich von Memhardt aus dem Jahre 1672 und die älteste Karte von Suchodoletz aus dem Jahre 1683 (Abb. 58). Sie lassen bei allen neuzeitlichen Veränderungen noch deutlich den mittelalterlichen Kern der Stadt nördlich und östlich des Schlosses erkennen. Ferner hat eine Fülle von baubegleitenden Beobachtungen und kleinen Ausgrabungen von *R. Hoffmann* zu wertvollen Dokumentationen geführt. Ihre Auswertung muß allerdings im Zusammenhang mit den Funden erfolgen und setzt umfangreiche vergleichende Arbeiten voraus, so daß eine umfassende Darstellung von Ergebnissen z.Z. nicht möglich ist. Sie werden aber überraschende Erkenntnisse zur Entwicklung des Landschaftsbildes, zu Art und Verlauf der Stadtbefestigungen, der Straßen und Brücken sowie zu einzelnen mittelalterlichen und frühneuzeitlichen Hausstellen bringen. Detaillierte Beobachtungen zum mittelalterlichen Hausbau waren 1962 bei Ausgrabungen im Bereich des Stadtschlosses und 1989 bei den Erdarbeiten zum Bau

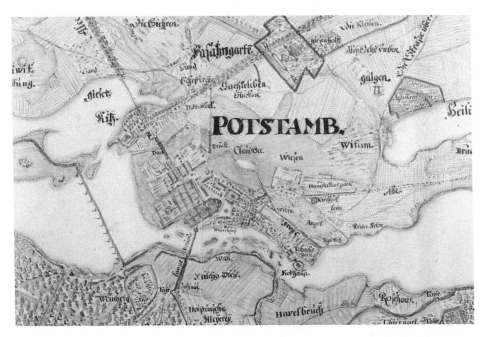

Abb. 58: Ausschnitt aus der Karte von Potsdam des S. v. Suchodoletz, 1683. Eigentümer: Geheimes Staatsarchiv, Preußischer Kulturbesitz XI. HA Atlas 221

des neuen Theaters möglich. Die Gründe für die Wahl einer deutschen Ansiedlung an dieser Stelle haben wir schon weiter oben dargelegt. Zunächst mögen, wie in anderen Dörfern und Städten bereits nachgewiesen, erst wenige deutsche Siedler eine dorfähnliche Siedlung angelegt haben, zunächst nur mit einer kleinen Holzkirche und einem Friedhof im Bereich der späteren Marienkirche, der Vorläuferin der Katharinen- bzw. Nikolaikirche. Möglicherweise erhielten diese Siedler schon früh das Recht, Markt zu halten. *T. Dobbert* und *F. Bestehorn* versuchten in den dreißiger Jahren, diesen Urzustand des ältesten Potsdam zu rekonstruieren u.a. auf Grund des uralten Rechtes mancher Bürger, Bier zu brauen, was sich für 29 Grundstücke nachweisen ließ.

Beide kamen zu dem Schluß, daß der ursprüngliche Markt der sich entwickelnden Stadt nicht westlich, sondern östlich des alten Rathauses lag, als dreieckiger Platz zwischen der späteren Scharren- und Brauerstraße (Abb. 59,2), einst als Ziegenmarkt bezeichnet. Ursprünglich befand sich hier in der ersten Hälfte des 12. Jh. noch ein slawisches Gräberfeld. Diese dorfähnliche Niederlassung muß noch keine Befestigung gehabt haben, jedoch wurde schon im 12. Jh. gelegentlich das Recht der Umwallung vergeben, so beispielsweise für Wusterwitz bei Brandenburg.

Wir wollen die Bemühungen von *T. Dobbert, F. Bestehorn* und *R. Hoffmann* zusammenfassen, um zu versuchen, uns ein Bild von der weiteren Entwicklung des mittelalterlichen Potsdam zu machen (Abb. 60) und dabei folgende

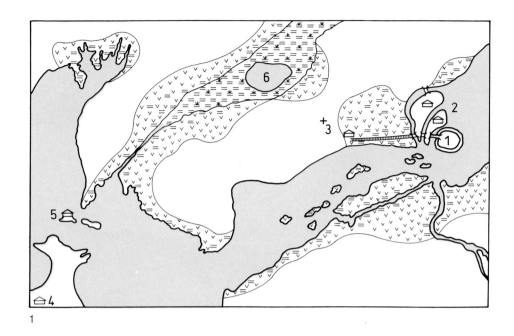

1

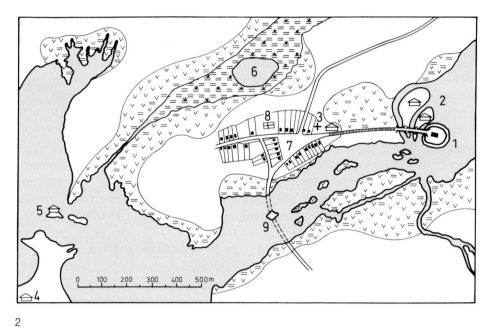

2

Abb. 59: 1 die Besiedlung des späteren Potsdamer Stadtgebietes in slawischer Zeit (10.-12. Jh.), 2 die erste noch dorfähnliche deutsche Siedlung (um 1200), verbesserte Rekonstruktion nach *T. Dobbert* und *F. Bestehorn*. Legende: 1 slawische bzw. deutsche Burg, 2 Vorburgsiedlungen, 3 Siedlung und Gräberfeld, 4 Siedlung Tornow, 5 Inselsiedlung Planitz, 6 Fauler oder Niclaus-See, 7 deutsche Siedlung mit Marktplatz, 8 Kirche

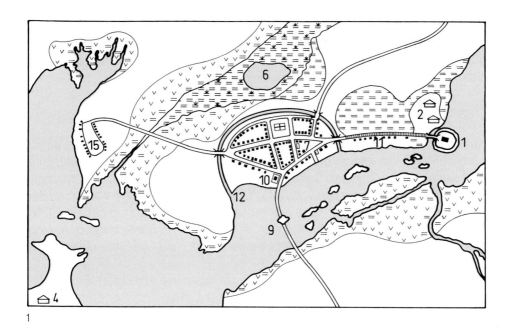

1

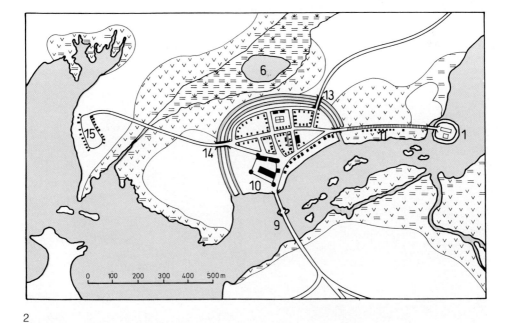

2

Abb. 60: 1 die Stadt Potsdam 1200–1400, Rekonstruktionsversuch nach den Ergebnissen von *R. Hoffmann*, 2 die Stadt Potsdam nach 1350. Legende: 1 alte slawische Burgstelle mit Wirtschaftsbauten, 2, 4 slawische Siedlungen im Auflösungsprozeß, 6 Niclaus-See, 7 deutsche Stadt mit Markt, 9 Brücke (Lange Brücke), 10 Turmburg bzw. Renaissanceburg, 11 Burgstraßer Siedlung, 12 Stadtgraben, 13 Grüntor, 14 Kietztor, 15 Kietz

73

Bereiche betrachten: Die Gestaltung des Havelufers, die Stadtbefestigung, die innere Gliederung, die Straßen, die Häuser, die Frage der Wasserversorgung und Abfallbeseitigung und die mittelalterliche materielle Kultur, soweit sie uns durch archäologische Funde bekannt wurde.

Das Havelufer

Auf Grund von Bohrungen und Ausgrabungen wissen wir, daß sich das ganze nördliche Ufer der Havel ursprünglich viel weiter nördlich befand, die Havel also wesentlich breiter war. Sandaufspülungen durch die Nuthe, Verlandungsprozesse und das Verkippen von Abfällen bewirkten die stetige Verlegung des Ufers nach Süden. Auf der Höhe des späteren Alten Marktes lag das Havelufer im 12. und 13. Jh. 45 m weiter nördlich, sprang aber im Bereich der Burg bzw. des späteren Stadtschlosses etwas weiter in die Havel vor, die dicht an der Südseite der Burg vorbeifloß (Abb. 60).

Die Häuser der ersten deutschen Stadtbürger lagen in einer Entfernung von 10 bis 15 m von der Havel auf dem hohen Havelufer, etwa 2 m über dem Wasserspiegel des Flusses. Die Uferböschung war mit 20 Grad Gefälle recht flach, das Ufer an einigen Stellen durch einfache Ufersicherungen befestigt. Der Fluß hatte eine Tiefe von 1,50 bis 2 m, war also bei Niedrigwasser in einer Furt zu überqueren.

Schon am Havelufer unterhalb der Heiliggeistkirche konnten Uferbefestigun-

Abb. 61: Uferbefestigung des 13. Jh. am nördlichen Havelufer, bei den Ausgrabungen 1989 entdeckt

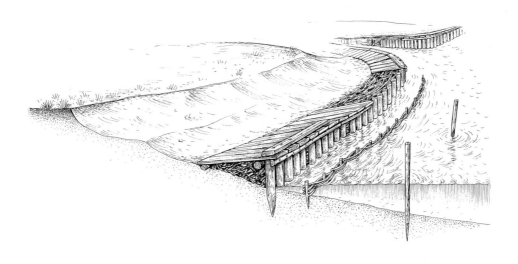

Abb. 62: Rekonstruktion der Uferbefestigung

gen aus slawischer Zeit und eine Unzahl eingeschlagener Pfähle entdeckt werden, die aber zeitlich schwer einzuordnen waren. Die Entdeckung der ältesten deutschen Uferbefestigung südlich des Alten Marktes bei den Erdarbeiten zum Theaterbau war deshalb von besonderem Interesse. Am eindrucksvollsten war eine noch auf 18 m Länge erhaltene Reihe dicht nebeneinander eingeschlagener bis 20 cm starker Eichenpfähle. Sie war nicht völlig gerade, sondern leicht geschwungen. Im Abstand von 40 bis 60 cm davor stand parallel dazu eine kleine Flechtwerkfaschine, die wohl eine Unterspülung verhindern sollte. Hinter der Reihe aus Eichenpfählen, also zum Ufer hin, lag eine dichte Packung aus horizontal gelegten Weidenruten und Schlamm, die das Abfließen des Ufersandes durch die Spalten zwischen den Eichenpfählen verhinderte. Vor dieser Ufersicherung waren im flachen Havelwasser zahlreich und unregelmäßig Stangen und Pfähle eingerammt, wie es auch heute an Bootsanlegestellen zu beobachten ist. Das östliche Ende der Pfahlreihe bog in der Mitte des späteren Palastes Barberini nach Norden um, und an dieser Stelle setzte auch die parallel verlaufende Flechtwerkfaschine aus (Abb. 61; 62). Noch weiter nach Osten hatten die Fundamente des Palastes diese alte Uferbefestigung völlig zerstört. Wir können jedoch annehmen, daß das Einbiegen der Pfahlreihe nach Norden eine Stelle markiert, an der die Schiffe auf das Ufer gezogen wurden. Das Prinzip der Ufersicherung durch senkrecht eingeschlagene Pfähle mit hinterlegten Weidenruten war in den Uferschichten des 13. bis 15. Jh. mehrfach zu beobachten. Einmal hatte man eine Strecke durch eine dreifache Pfostenreihe gesichert. An einzelnen schmalen Stellen war das Ufer durch große Feldsteine gesichert, offenbar Stufen zu einer Schöpfstelle.

Die Stadtbefestigung

Für die anfänglich noch dorfähnliche Siedlung war die natürliche Schutzlage auf der großen Sandinsel zwischen Havel und sumpfigen Wiesen und dem Faulen oder Niclassee noch ausreichend, zumal fast jedes mittelalterliche Dorf durch hohe Zäune, Tore und einen umlaufenden schmalen Graben gesichert wurde. Das war schon erforderlich, um allerlei „Raubzeug" fernzuhalten.

Mit dem weiteren Zuzug deutscher Siedler und auch der Einbeziehung freier slawischer Bevölkerung entwickelte sich der Ortsgrundriß, entstanden weitere Hausstellen und Straßen. Vor allem dort, wo später die Burgen bzw. Schlösser samt den Gartenanlagen erbaut wurden, dürften ursprünglich weitere mittelalterliche Straßen und Hausstellen vorhanden gewesen sein. Historische Nachrichten und wenige archäologische Befunde sprechen dafür, daß in dem genannten Bereich ursprünglich mindestens 40 bis 50 Hausstellen der Bürger bestanden haben können. Bereits im 13. Jh. dürfte der Stadtgrundriß im wesentlichen ausgebildet gewesen sein. Die Stadtstelle bildete nun ein Oval von etwa 250 zu 350 m Durchmesser am Nordufer der Havel. Die Unsicherheit der Zeit und das Recht der Erhebung von Abgaben erforderten einen wirksameren Schutz des Gemeinwesens, und dieser erfolgte durch die Anlage eines wasserführenden Stadtgrabens, möglicherweise auch durch Erdwälle, die aber bisher nicht nachgewiesen sind. Die ältesten Darstellungen und Karten

Abb. 63: Bei Erdarbeiten nördlich des Marstalles unter der Schloßstraße entdeckte Spuren der beiden Stadtgräben

zeigen im Osten und Nordosten den Rest des Grabens. Im Nordwesten und Westen läßt zunächst nur der Verlauf der Bebauung den alten Graben vermuten. Die Beobachtungen und Grabungen von *R. Hoffmann* haben hier interessante Ergebnisse gebracht, denn er entdeckte ein Doppelgrabensystem (Abb. 63). Ungeklärt blieb, ob ursprünglich nur ein Graben bestand, oder ob die beiden 1,50 bis 2 m tiefen Gräben gleichzeitig entstanden sind. Der innere Graben war 8 m breit, dann folgte ein 7 bis 8 m breiter Zwischenraum, in dem ein umlaufender Erdwall denkbar wäre. Dahinter lag der äußere Graben mit 6 bis 7 m Breite, der an vielen Stellen in den umgebenden Sumpf überging. Beide Gräben zeigten mehrfache Erneuerungs- und Räumungsphasen, ihre Uferränder waren streckenweise mit senkrechten Pfählen gesichert. Es gab vier Zugänge zur Stadt: Den südlichen vom Havelufer aus, den östlichen von der Burgstraße, den nordöstlichen durch das Grüntor und den westlichen vom Kietztor her. Während die Tore zur alten Burgstelle und zum Kietz nur lokale Bedeutung hatten, führte durch das Grüntor der Weg ins östliche Havelland und nach Spandau, der Havelübergang im Süden in den Teltow und die Zauche.

Die innere Gliederung des Stadtgrundrisses

Während wir über den südwestlichen Teil der Stadt, also den Bereich des späteren Schlosses und Lustgartens, nur Vermutungen anstellen können, so zum Beispiel, daß dort ein oder zwei Straßenzüge vorhanden gewesen sein könnten, ist die Straßenführung zwischen den einzelnen Quartieren im Nordwesten und von Norden bis Südosten anhand von alten Karten und Grabungsergebnissen noch einigermaßen erkennbar. Demnach bestanden, abgesehen von Wegen oder Straßen, die parallel zu den Stadtgräben verlaufen sein mögen, zwei Straßenzüge in Ost-West-Richtung und drei in Nord-Süd-Richtung, so daß der Grundriß in etwa sieben bis acht Quartiere gegliedert war. Über das südwestliche Quartier, das nahezu ein Viertel der Stadt ausmachte, wissen wir dabei das wenigste, weil es schon sehr früh durch den Landesherrn verändert wurde. *R. Hoffmann* fand aber in diesem Bereich neben vielen schwer deutbaren Siedlungsspuren, darunter auch slawischen Scherben, ein Grubenhaus des 13. Jh. und ein weiteres aus dem 14. Jh. Dieses Quartier wurde vom 13. bis zum 17. Jh. nach und nach durch die Burg- und Schloßbauten der Landesherrn überbaut, der bürgerlichen Besiedlung also entzogen.

Das gegenüberliegende nordwestliche, nördlich der heutigen Schwertfegerstraße endete westlich noch vor dem späteren Neuen Markt und reichte bis zum Friedhof der gotischen Marienkirche, der sozusagen ein eigenes Quartier mit einzelnen Häusern an der West- und Nordseite bildete.

1720 wurde die Marienkirche abgerissen, und es entstand die Nikolaikirche. Über den mittelalterlichen Friedhof um die Marienkirche ist sehr wenig bekannt. Das liegt einerseits daran, daß die Gräber der Neuzeit die älteren meistens zerstörten, andererseits erlischt mit der Anlage christlicher Friedhöfe die

Sitte, Gegenstände mit ins Grab zu geben. In der Nordostecke des Friedhofes der Marienkirche wurde eines der ältesten deutschen Gräber Potsdams gefunden.

Über die Bebauung der beiderseits der Grünstraße gelegenen Quartiere östlich der Kirche wissen wir noch sehr wenig. Südlich davon lag der eigentliche Markt, an dessen Westseite das Rathaus stand. Das Gelände, welches heute als „Alter Markt" bezeichnet wird, ist nach allen alten Karten bis auf eine breite Straße, die westlich am Rathaus entlang führte, dicht bebaut gewesen und war Beobachtungen bei Erdarbeiten zufolge zumindest am Rand auch im Mittelalter von Häusern umgeben. Südlich dieses Bereiches liegt nun ein Straßenzug, der sich in die frühere Humboldt- und Brauerstraße gliederte und zur Burgstraße führt. Dieser Teil konnte nun südlich des Alten Marktes durch die Ausgrabungen 1989 genauer untersucht werden. Die Häuser der Straßenzeile lagen parallel zur Havel. Auf einer Strecke von 120 m Länge ließen sich drei Hausstellenbereiche nachweisen. In späterer Zeit gab es auf dieser Strecke fünf Grundstücke. Es ist anzunehmen, daß die neuzeitliche Bebauung einige der mittelalterlichen Häuser völlig zerstörte.

Die Straßen

Viele Straßen waren im Mittelalter zunächst einfache unbefestigte Sandwege, so z. B. die nicht mehr vorhandene Humboldtstraße oder Straße am Schloß und die Brauerstraße. Für die Zeit um 1400 konnte dann *R. Hoffmann* für die Brauerstraße ein Pflaster aus sogenannten Katzenköpfen etwa 1,35 m tief unter dem heutigen Niveau nachweisen, desgleichen für die Scharrenstraße, auch Fleischergasse oder Hoher Steinweg genannt, die sich bis zum Alten Markt hinzog. Noch älter als diese beiden Straßenbefestigungen war ein rechtwinklig dazu verlaufender Bohlendamm, der vom Ziegenmarkt zum Grüntor führte. Reste eines Knüppeldammes wurden auch auf einem zum Kietz führenden Wege gefunden.

Die mittelalterlichen Häuser

Zunächst muß auf einige Schwierigkeiten hingewiesen werden, die dem Archäologen begegnen, wenn er die Spuren der mittelalterlichen Bebauung sucht. Ein großes Problem ist dabei die Zerstörung älterer Bauten durch jüngere Gebäude und Trassen neuzeitlicher Versorgungsleitungen, die große Bereiche überlagern. Trotzdem muß ausdrücklich betont werden, daß etwa 30 bis 60 Prozent der mittelalterlichen Bebauung noch im Boden erhalten und archäologisch nachweisbar sind. Der Laie erkennt davon allerdings nichts. Er sieht Scherben, Schutt und dunkle Erde. Das eigentliche Problem liegt für den Stadtarchäologen darin, daß sich viele mittelalterliche Hausstellen auf Grund ihrer Bauweise schlecht erkennen lassen. Block-, Fachwerk- und Stabbohlenbauten des 12. bis 14. Jh. wurden oft einfach auf die damalige Erdoberfläche

gesetzt, besaßen also weder Fundamente noch an den Hausecken unterge-
legte Steine. Verbrennt oder verfällt ein solches Haus, so verbleibt bei ein- bis
zweigeschossigen Bauten ein 30 bis 40 cm hoher Schutthaufen aus Asche,
Holzkohle und Lehm übrig, der meistens schnell einplaniert wurde. Die so ent-
standenen Schichten sind schwer deutbar, und nur selten hat der Archäologe
Glück und erkennt einen klar umgrenzten Lehm- oder Holzfußboden unter
dem Schutt. Wir finden deshalb vor allem die Keller der teilweise oder ganz
unterkellerten Häuser und die sogenannten Grubenhäuser. In diesen eingetieften Gruben liegt dann das hineingestürzte Material, das uns Auskunft über
Baustrukturen und Hausinventar geben kann. Die Eintiefung der Häuser hatte
verschiedene Gründe. Der untere Raum war im Sommer kühler, im Winter
etwas wärmer, und außerdem bedingte die Eintiefung eine höhere Luftfeuch-
tigkeit, die erwünscht war, wenn in solchen Räumen Flachsfasern verarbeitet
wurden, d. h. wenn man spann und webte.

Wir haben bisher zwei Grundbauweisen sicher ermitteln können, wozu natürlich Varianten gehören. *R. Hoffmann* fand 1951 in der Nähe der Turmburg ein
Grubenhaus, dessen 20 cm starke Wände aus Lehm mit eingesetzten Feldsteinen bestanden. Es hatte einen Grundriß von 2,25 x 2,65 m. An der Westseite waren zwei Pfosten und eine Treppenstufe nachweisbar. Er datierte dieses Haus in die Zeit um 1200. Eine ganz ähnliche Bauweise zeigte die älteste
Bauphase des 1989 gefundenen sogenannten Schatzhauses, das 2,80 m breit
und 4 m lang war. Es besaß 20 bis 40 cm starke Lehmwände, an den Ecken mit
eingesetzten Feldsteinen, einen 4 cm starken Lehmfußboden und war seltsa-
merweise ohne Pfosten oder sonst erkennbare Konstruktionen errichtet. Vermutlich handelt es sich um Häuser mit Stampflehmwänden. Es ist schwer zu
datieren, existierte aber lange vor 1350.

Die zweite Grundbauweise ist ein primitiver Stabbau. Auf einem Schwellenkranz, der einfach in die Erde oder an den Ecken und in der Mitte der Längsseiten auf Steine gesetzt ist, erhebt sich ein Gerüst aus den senkrechten Stän-
dern in den Ecken und gelegentlich in der Mitte der Längsseiten. Darauf liegt
der die Ständer verbindende horizontale Rahmen (Rähm). Auf dem Rähm ruht
das Dach oder ein zweites Geschoß. Die Wände werden nun von außen durch
senkrechte 6 bis 20 cm breite Bohlen gebildet. Bei einigen Häusern sind es
wandverschließende Vierkantbohlen, bei anderen Spaltbohlen, die mehrere
Zentimeter breite Spalten lassen; auch wurden Bohlen nachgewiesen, die im
unteren Teil dreikantig und oberhalb der Geländeoberfläche vierkantig wand-
schließend waren. Die Bohlen sind am Rähm vermutlich in einer Nut oder
einem Falz befestigt oder angenagelt gewesen, am unteren Schwellenkranz,
aber in unterschiedlicher Länge angelegt bzw. in die Erde eingegraben und
durch den Druck der Erde in der Baugrube am Schwellenkranz gehalten. Dort,
wo Spaltbohlen mit starken Zwischenräumen vorliegen, hat man dann auf den
Schwellenkranz noch eine 8 bis 16 cm starke Lehmwand aufgesetzt, die offenbar aus großen Stücken gefertigt und gegen die hölzerne Spaltbohlenwand
gedrückt wurde. Eine Struktur dieser Lehmwand, z. B. im Sinne einer Trocken-

Abb. 64: Das eingetiefte Haus aus der Zeit um 1400

Abb. 65: Die Treppenstufen des eingetieften Hauses

Abb. 66: Rekonstruktion des Hauses

ziegelwand, ließ sich nicht erkennen. In einem Fall war die Wand von innen geweißt. Bei diesem Haus bestand an der Südostecke ein Treppeneingang mit zwei vorgesetzten Pfosten, die einen überdachten Eingang erkennen ließen (Abb. 64–66). Das von *R. Hoffmann* ausgegrabene Haus besaß abweichend von allen bekannten Häusern an der Nordseite ein Traufsteinpflaster (Abb. 55). In der 120 m langen Baugrube für das neue Theater fanden sich parallel zur ehemaligen Schloßstraße und dem Havelufer drei Hausstellenbereiche aus dem Mittelalter. Der mittlere war nahezu restlos durch neuere Bauten zerstört, nur der zugehörige Brunnen blieb erhalten. Der östliche Hausstellenbereich lag mit zwei sich überschneidenden Hauskellern ganz am Ostrand der Grube. Im älteren Keller fanden wir eine Münze aus der Zeit 1270 bis 1300, ein verkohltes Faß und große Mengen verkohlten Getreides, was auf die Zerstörung des Gebäudes durch Brand hindeutet. Im Keller des zeitlich folgenden Hauses, das ebenfalls abgebrannt war, stand ein vollständig erhaltenes Gefäß (Abb. 67). Ein drittes Haus lag wenige Meter westlich davon. Es handelt sich um einen abgebrannten Stabbau von 4,10 x 5,20 m, der außer verkohltem Getreide auch deutsche Keramik aus dem Ende des 12. oder dem Anfang des 13. Jh. enthielt. Der zu diesem Hausstellenbereich gehörige Brunnen (Abb. 73) lag etwa 10 m südwestlich des Holzhauses.

Von besonderem Interesse war der dritte Hausbereich, der etwa 10–15 m entfernt von der Südostfront der damaligen Burg lag und aus drei zeitlich aufeinanderfolgenden Häusern bestand. Das älteste Haus war das bereits erwähnte mit 2,25 und 2,65 m Seitenlänge und Lehmstampfwänden. Es enthielt leider nur Bruchstücke einer tönernen Bratpfanne (Abb. 68), war also von seinen

Abb. 67: Großer Becher aus einem Hauskeller und Schüssel aus dem Kastenbrunnen

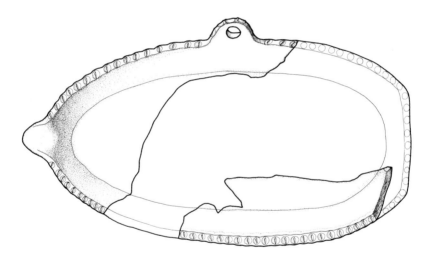

Abb. 68: Tönerne Bratpfanne aus einem Haus des 13. Jh.

Bewohnern gründlich ausgeräumt worden. Man stürzte die Lehmwände in das eingetiefte Hausinnere und planierte einen Lehmfußboden für drei Viertel des zeitlich folgenden Hauses. Das wurde ein auf große Steine gesetzter Stabbau von 3,80 x 4,10 m, im vermuteten Obergeschoß auch mit lehmverstrichenen Fußböden oder Wänden und einem südlich gelegenen Anbau unbekannter Konstruktion von 1,60 mal 5 m Größe, wahrscheinlich mit lehmverstrichenen Wänden. In der Ostecke des Anbaues befand sich eine Herdstelle aus zwei Klosterziegelsteinen und umgebendem Lehm. Dieses große Haus fiel offenbar unvermutet einem Brand zum Opfer und wurde vollständig zerstört. Sein weitgehend aus Holz und einigen Eisenteilen bestehendes Inventar verbrannte. An seiner östlichen Außenwand, einen Schritt von der Nordostecke entfernt, lag in 20−60 cm Tiefe unter der damaligen Oberfläche ein auf zwei Leinenbeutel verteilter Schatz aus 636 Silbermünzen (Abb. 69), der in der Zeit um 1350 vergraben wurde. Vermutlich fand der Eigentümer den Tod, bevor er den Schatz heben konnte. Die Ursache für die Zerstörung dieses und anderer Häuser ist in den Kämpfen um den Besitz der Mark Brandenburg zu suchen, die ab 1348 zwischen dem luxemburg-böhmischen und dem bayerischen Herrscherhaus ausbrachen und auch Potsdam nicht verschonten.

Dicht westlich des abgebrannten Hauses entstand ein neues, aber kleineres Grubenhaus. In seine Baugrube war Brandschutt des großen Hauses geraten, auch hatte man den Fußboden des neuen Hauses mit diesem Brandschutt und

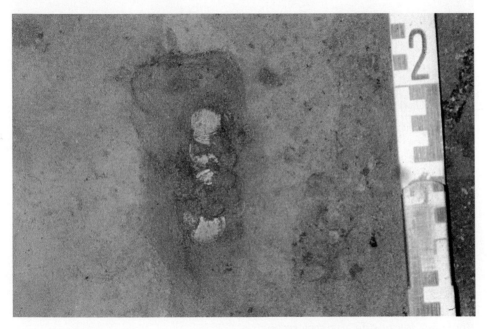

Abb. 69: Der Schatzfund im vergangenen Leinenbeutel, vergraben um 1350

Lehm gefestigt.

Es handelt sich um einen Stabbau von 3,10 und 3,80 m Seitenlänge mit vorgesetzten 8 cm starken und innen weiß getünchten Lehmwänden und einen Vorbau über dem Treppeneingang (Abb. 66). In der Mitte des Hauses lag eine Herdstelle aus Steinen. Das Haus ist datiert durch eine Münze aus der Zeit zwischen 1415 und 1425. Es wurde nicht zerstört, sondern plötzlich verlassen und die Grube mit dem Material von Lehmwänden, mit Sand, den Resten eines Kachelofens (Abb. 70) und mancherlei Gerät gefüllt. Dicht westlich arbeitete offensichtlich eine Feldschmiede, denn in der oberen Einfüllschicht fanden sich auch Schlacken und Hammerschlag. Möglicherweise mußte dieses Haus wegen seiner Nähe zur neu entstehenden großen Steinburg aufgegeben wer-

Abb. 70: Ofenkacheln aus der Zeit um 1400

den. Zu diesem Hausbereich gehörte nur ein Faßbrunnen. Es ist vielleicht kein Zufall, daß das erste Haus, das wir etwa um 1275 oder 1300 ansetzen können, nur einen Grundriß von 6 m^2 hatte, das folgende und um 1350 abgebrannte Haus, neben dem der Schatz vergraben war, eine Wohnfläche von 24 m^2 und das von 1350 bis 1425 existierende letzte Haus eine Fläche von 12 m^2. An dieser Stelle spiegelt sich vielleicht in der Baugeschichte der individuelle Wohlstand des jeweiligen Hauseigentümers wider.

Zum zeitlichen Ablauf der Besiedlung auf dem nördlichen Havelufer scheint sich auf Grund der Überschneidung von Hausstellen, der Keramik, der Münzen und der übrigen Funde aus dem Burgbereich und den Flußuferschichten der Havel folgendes abzuzeichnen.

Zwischen 1200 und 1300 existierten einige sehr frühe Häuser. Sie enthielten die gleiche deutsche Keramik, die sich in den untersten Flußschichten noch zusammen mit vereinzelter slawischer Keramik fand. Es gab zwei Brände, einen um 1270, den anderen, weitaus größeren um 1350, dem mehrere Häuser zum Opfer fielen.

Die Wasserversorgung

Bei der Untersuchung des Flußufers waren uns schmale Stellen aus zwei oder drei aus Feldsteinen gesetzte Tritte aufgefallen, die offenbar dazu dienten, am Ufer in Eimern oder Töpfen Wasser zu schöpfen. Von einer solchen Stelle

Abb. 71: Pokal aus den Flußuferschichten, 14. Jh.

stammt beispielsweise ein schöner Pokal (Abb. 71).

Das Flußwasser war ursprünglich von einer uns heute kaum vorstellbaren Sauberkeit und konnte in den meisten Fällen ohne weiteres als Trinkwasser verwendet werden. So gehören denn die ersten deutschen Brunnen zwischen dem Alten Markt und dem nördlichen Havelufer zeitlich in das späte 13. und das 14. Jh.

Der Grundwasserspiegel lag etwa 2 m unter der Oberfläche des 13. Jh. Um einen Brunnen mit einem Wasserkasten von 100 Liter Fassungsvermögen zu bauen, legte man zunächst Eckbalken mit Zapflöchern, Querbalken und Wandbohlen bereit, um einen Wasserkasten von 1 m^3 Größe zusammensetzen zu können. Dann wurde eine runde oder ovale Grube von 3 bis 4 m Durchmesser bis kurz über den Grundwasserspiegel bei niedrigem Wasserstand heruntergegraben und nun ein Absatz geschaffen, von dem aus man schnell in Größe und Tiefe des vorgefertigten Wasser- bzw. Sickerkastens tiefer grub. Man konnte ihn zusammengesetzt einbringen und etwas tiefer schlagen oder in der engen Grube das Grundgerüst aus Teilen zusammensetzen, dann die Wandbohlen nachsetzen oder einschlagen und anschließend nochmals eingedrungenen Sand entfernen. Die Bohlen des Kastens verquollen so stark, daß von den Seiten her kaum Sand eindrang. Der Boden wurde mit Steinen belegt, um das Aufwirbeln von Sand beim Wasserschöpfen zu verhindern. Bis zur Oberfläche wurde der Brunnenschacht mit Bohlen verkleidet, die noch etwa 30 bis 50 cm über die Oberfläche hinausragten und mit einer Klappe oder einem Dach überdeckt wurden. Vermittels eines Brunnengalgens oder einer Seiltrommel wurde das Wasser geschöpft (Abb. 72). Problematisch war nur, daß die oberhalb des im Grundwasser liegenden Sickerkastens befindliche Aussteifung des Schachtes, selbst wenn sie aus Eichenbohlen bestand, nach etwa zehn bis dreißig Jahren morsch war und erneuert werden mußte.

Wir fanden zwei Kastenbrunnen unterschiedlicher Konstruktion von je 1 m^3 Größe und einen kleinen Faßbrunnen.

Der eine Kastenbrunnen (Abb. 73), der eine sogenannte Wackelschüssel (Abb. 67) enthielt, gehörte dem 13. Jh. an. Seine Wandbohlen waren überwiegend durch Holznägel mit dem Kastengerüst verbunden. Der zweite Kastenbrunnen dürfte ins 14. oder 15. Jh. gehören. Er war weniger sorgfältig gearbeitet. Hier hatte man zwischen dem Gerüst des Kastens und den Wänden der Brunnengrube Dreikantspaltbohlen so eingeschlagen, daß die angeschärfte Seite der Bohle in die Nut auf dem Rücken der nächsten Bohle paßte. Angenagelt war keine der Spaltbohlen.

Der Faßbrunnen war im Vergleich zu den Kastenbrunnen weitgehend vergangen und nur noch 40 cm hoch erhalten. Das Faß hatte einen Durchmesser von 60 cm und bestand aus 5 bis 9 cm breiten Dauben. Der Deckel mit dem Spundloch war erhalten und bildete den Boden des Brunnens (Abb. 74).

Die Wasserversorgung wurde in späterer Zeit durch öffentliche Brunnen an den Straßen, oft in Nähe von Kreuzungen, und durch private Brunnen in den Höfen gesichert. Erst seit dem 17. Jh. kommen, vor allem im Schloßbereich, hölzerne Wasserleitungen mit kupfernen oder eisernen Verbindungsstücken vor. Sie wurden durch Brunnen oder eine sogenannte Wasserkunst mit Trinkwasser versorgt.

Abb. 72: Brunnen nach einer Darstellung des Sachsenspiegels

Abb. 73: Kastenbrunnen des 14. Jh.

Abb. 74: Faßbrunnen aus der Zeit um 1400

Die Abfallbeseitigung

Der Bauschutt von abgerissenen oder abgebrannten Häusern wurde oft an Ort und Stelle einplaniert. Er füllte dann teils die Hausgruben und Keller aus, teils führten die anfallenden Mengen zu einer stetigen Aufhöhung des Geländes, so daß die Oberfläche des mittelalterlichen Potsdam heute in 0,60–1,80 m Tiefe unter unseren Füßen liegt. Ferner konnten wir auf der Höhe der 1989 ausgegrabenen Hausstellen beobachten, daß man den Brand- und Bauschutt in die Havel geworfen hatte, wo er in charakteristischen Lehm- und Holzkohleschichten abgelagert wurde. In alte Brunnenschächte und auch in aufgegebene Hauskeller sowie zu diesem Zweck gegrabene kleinere und größere Gruben bis zu 1 m Durchmesser warf man Abfälle verschiedenster Art. Ungebrannter und gebrannter Lehm abgerissener Häuser konnte aber auch zur Festigung von ebenerdigen Fußböden neuer Häuser dienen.

Abb. 75: Profil des Havelufers mit dunklen Schlamm- und Abfallschichten sowie hellen Sand- und Lehmschuttschichten

Eine übliche Art der Abfallbeseitigung war damals, die Nahrungsmittelreste, die Produktionsabfälle der Handwerker, wie z. B. Fleischer, Gerber, Schuhmacher und Färber, und allerlei unbrauchbares Gerät aus den Haushalten ins Wasser zu werfen oder an abgelegenen Stellen zu deponieren. Wasser, das waren nicht nur die Havel, die kleinen Seen und Sumpflöcher, sondern auch die Stadtgräben. Bei den Stadtgräben führte diese Form der Entsorgung im Zusammenhang mit dem natürlichen Verlandungsprozeß, trotz gründlicher Reinigung des inneren Stadtgrabens im 16. Jh., zur Einebnung des äußeren Stadtgrabens schon bis zum 16. Jh. und des inneren Grabens im 17. und 18. Jh., so daß diese Bereiche überbaut werden konnten und die Stadt danach durch den Stadtkanal entwässert wurde. Am Havelufer sah es nicht besser aus. Wenn das Havelufer von etwa 1200 bis 1900, also in sieben Jahrhunderten, um 45 m nach Süden verlegt wurde, so bedeutet das, daß in jedem Jahrhundert durch Verlandungsprozesse und Aufschüttung ein Geländegewinn von rund 6 m erfolgte, möglicherweise sogar absichtlich. Das Havelbett wurde dadurch eingeengt, was auch auf die Strömungsgeschwindigkeit und die Flußtiefe Auswirkungen hatte.

Für den Archäologen ist eine solche Situation im flußnahen Bereich natürlich einer der begehrten Glücksfälle, weil sich das Fundmaterial in übereinanderliegenden Schichten ablagert und zeitlich gut zu trennen ist. In den feuchten Erdschichten blieben außerdem Fundstücke aus organischem Material – Holzgefäße und -geräte, Textilien und Lederreste, z. B. Schuhe – erhalten.

Zu erwähnen ist noch, daß es im Schloß bereits im 17. Jh. gemauerte Abwasserkanäle mit gewölbter Decke gab, von denen einer sogar in gebückter Haltung betreten werden konnte. In ihm war ein hölzerner Fangkasten eingebaut, in dem Gegenstände zurückblieben, während die Abwässer in die Havel flossen. In diesem Kasten fanden wir 1989 große Mengen von Glas und Keramik. Es muß betont werden, daß es in den genannten Bereichen, vor allem in Sumpflöchern, Stadtgräben und im Verlandungsbereich des nördlichen Haveluferes, an einigen Stellen zur nicht unbeträchtlichen Anreicherung von Schadstoffen kam, z. B. durch Einleitung von Fäkalien und Abwässern der Gerbereien und Färbereien.

Archäologische Funde aus dem Mittelalter und der Neuzeit

Das umfangreiche Fundmaterial stammt aus den Baugruben der Neubauten, aus den Trassen von Versorgungsleitungen, aber auch aus den kleineren und größeren Ausgrabungen *R. Hoffmanns* und der Mitarbeiter des Museums für Ur- und Frühgeschichte Potsdam. Es reicht vom 12. Jh. bis in die Neuzeit und kann hier nur in ganz bescheidener Auswahl vorgeführt werden.

Ein wissenschaftlich besonders interessantes Material stammt aus der Grabung des Jahres 1989 am Alten Markt, als dank der guten Zusammenarbeit zwischen der Bauleitung und dem Museum Hausreste, Brunnen und Uferschichten der Havel untersucht werden konnten. Schon in slawischer Zeit waren am Ufer der Havel viele Gegenstände als Abfall oder beim Fischen und Wasserschöpfen ins Wasser gefallen und je nach Wind und Strömung mal hier und mal dort angetrieben oder zusammengespült worden.

Der große Schatz

Weit verbreitet ist die Vorstellung, daß die Archäologen auf besonders wertvolle und gut erhaltene Funde als Museumsstücke aus sind. Das entspricht aber nicht den Tatsachen, weil die Forschung auf die Gesamtzusammenhänge einer Siedlungsstruktur orientiert ist und der einzelne Fundgegenstand dabei nicht unbedingt die entscheidende Rolle spielt. Ein besonders wichtiger Fund und die Geschichte seiner Entdeckung soll hier aber dennoch ausführlicher behandelt werden.

An der Ostseite des großen Hauses hatten wir zunächst nur eine Münze gefunden, wurden aber stutzig, als 1,20 m weiter in der Nähe der ehemaligen Hauswand nacheinander drei weitere Münzen lagen. Wir gingen an dieser

Abb. 76: Brandenburgische Denare des Schatzes

Stelle vorsichtig tiefer und fanden wiederum 30 cm weiter seitwärts, sozusagen einen Schritt von der Nordostecke des Hauses, in einer Grube einen vergangenen, nur schattenhaft erkennbaren 8 cm breiten und 25 cm langen Beutel mit Münzen (Abb. 69). Einige Stoffreste waren durch die Metalloxyde noch
gut erhalten. Es handelte sich um ein Gewebe in Leinenbindung. Es war Frei-
tag um 15 Uhr, und zufällig hatten wir gerade Rundfunk und Presse bestellt,
ohne zu wissen, was wir plötzlich finden würden. Wir vereinbarten sofort eine
Nachrichtensperre. Die Arbeiter und der Rundfunk hielten sich daran, aber die
Presse brachte am folgenden Tage die Meldung, und das hätte beinahe üble
Folgen gehabt. Zunächst aber arbeiteten wir bis in die späten Abendstunden,
zuletzt beim Licht einer Halogenlampe, dann hatten wir den Schatz geborgen.
Er bestand aus 56 etwa markstückgroßen Silbergroschen, 240 silbernen
Denaren in der Größe eines 5-Pfennigstückes, 95 halbierten Denaren (Häbl-
linge) und acht kleineren Bruchstücken. Am Wochenende verwiesen wir etwa
15 Unbefugte vom Gelände. An verschiedenen Stellen war nachgegraben und
gekratzt worden, auch dort, wo wir den Schatz gefunden hatten. Vorsichtshal-
ber gruben wir an dieser Stelle tiefer und schon nach vier Zentimetern stießen
wir auf einen zweiten Schatz. Nichts hatte vorher auf seine Existenz hingewiesen, der Boden schien völlig ungestört. Ein vergangener Beutel war hier nicht
nachzuweisen, obwohl das Erdreich direkt um die Münzen herum etwas dunk-
ler war. Wir fanden einen Brakteaten, 29 Groschen, 158 Denare, 55 Hälblinge
(Abb. 78) und fünf Bruchstücke. Unter den Münzen überwiegen die kleinen

brandenburgischen Denare (Abb. 76) mit dem geflügelten Markgrafen (Abb. 77,1), die vermutlich in Spandau oder Kyritz geprägt wurden. Häufig sind auch Denare, die einen Bischof mit zwei Krummstäben zeigen (Abb. 77,2). Sie stammen vermutlich aus Havelberg. Die Prager Groschen (Abb. 77,3,4), die auf einer Seite die böhmische Krone, auf der anderen den steigenden Löwen zeigen, wurden zu einem kleinen Teil unter Wenzel II. (1278–1305), größtenteils aber unter Johann I. von Luxemburg (1310–1346) geprägt. Von der Kaufkraft der verschiedenen Silbermünzen in damaliger Zeit, deren Wert 1160 Denaren oder 145 Groschen entsprach, können wir uns eine Vorstellung machen, wenn wir die Tabelle mit Preisbeispielen aus dem 13. bis 14. Jh. zu Hilfe nehmen. Mit dem Münzschatz vom Alten Markt hätte sich z. B. eine drei- bis vierköpfige Familie ein ganzes Jahr ernähren können, oder er hätte zum Bau von zwei bis drei Holzhäusern oder zum Kauf von 36 Kühen gereicht.

Im Jahre 1954 wurde unter einem jüngeren Grab ein älteres Kindergrab ausgegraben, das eine Beigabe enthielt. Es handelt sich um einen vergoldeten Anhänger aus Bronze, auf dem der Wappenlöwe von Lüneburg dargestellt ist. Der Schmuck ist um 1200 anzusetzen (Abb. 79).

1   2

3   4

Abb. 77: Denare mit geflügeltem Markgrafen (1), mit Bischofs(?)darstellung (2) und Prager Groschen (3, 4)

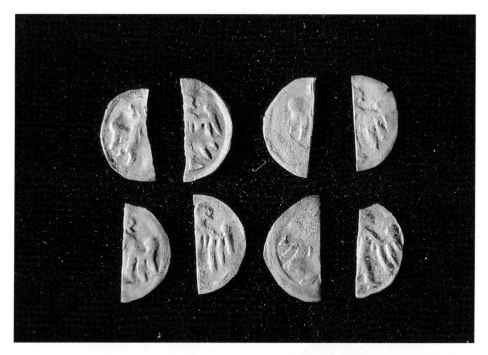

Abb. 78: Halbierte Denare, sogenannte Hälblinge, aus dem Münzfund

Abb. 79: Vergoldeter Anhänger mit Löwendarstellung aus einem Kindergrab des Friedhofes, um 1200 u.Z.

Abb. 80: Glasierte und steinzeugähnliche Kleingefäße

Abb. 81: Pingsdorfer Keramik aus der Potsdamer Altstadt. 13. Jh.

Tabelle: Preisbeispiele aus dem 13.-14. Jh. zur Verdeutlichung der Kaufkraft des Schatzfundes vom Alten Markt (nach *K. H. Schäfer* 1930)

1375	1 Wispel Roggen	das sind 24 Scheffel, etwa 1000 kg, hatten den gleichen Wert wie 2 Wispel Hafer oder 16 Scheffel Weizen oder 12 Scheffel Erbsen, nämlich 240 Denare. Der Roggenpreis schwankte im 13. Jh. zwischen 11 und 22 Denaren je Scheffel.
1415	1 Brot	1 Denar
1350	1 Huhn	1−2 Denare
1280	15 Eier	1 Denar
1375	1 Aal	5−6 Denare
1356	1 Reitpferd	1200 Groschen
1389	1 Kuh	4 Groschen
1162	1 Schwein	48 Denare
1375	1 Tonne 150 Liter) Honig	90 Groschen
1389	1 Pfund Butter	2 Denare
1450	1 Liter Bier	1,5 Denare
1317	1 Mantel	14−50 Groschen
	1 Gewand	bis 40 Groschen
1403	2 Stämme Bauholz	1 Groschen
1375	Brückengeld in Potsdam für ein Pferd 1 Denar, für einen Pferdekarren 2 Denare	

Die Keramik des Mittelalters

Die älteste deutsche Töpferware, die rotbraune und schwarzgraue Keramik des 12. Jh. wurde sowohl auf der alten slawischen Burgstelle als auch in den untersten Flußuferschichten, aber nur in einem Exemplar in einem der Häuser am Alten Markt gefunden (Abb.43,2,3). Diese Keramik war in ihrer Qualität teilweise nicht einmal so gut wie die slawischen Tongefäße, jedoch gelang den deutschen Handwerkern um 1200 die Herstellung einer qualitativ besseren Keramik, der sogenannten blaugrauen Ware. Sie bestand zu einem großen Teil aus Gefäßen mit gerundeten Böden, sogenannten Kugeltöpfen, aber auch aus Standbodengefäßen (Abb. 67), die zuweilen reich verziert waren, wie der Pokal (Abb. 71), der wohl beim Wasserschöpfen in die Havel fiel. Vermutlich aus dem Rheinland importiert waren dagegen kleine und große gelbgrau glasierte Gefäße (Abb. 80), steinzeugähnliche Gefäße und die sogenannte Pingsdorfer Keramik, weißtonig mit roter Bemalung, von der *R. Hoffmann* in der Altstadt ein ganz erhaltenes Gefäß fand (Abb. 81).

Gebrauchsgegenstände

Aus den Hausgruben wurden große Mengen von Nägeln, auch Haken, Beschläge und Türangeln geborgen. Bemerkenswerte Funde liegen aus dem Nachfolgebau des großen Hauses vor. Dort lagen auf dem Fußboden zwei Löffelbohrer und zwei Spiralbohrer (Abb. 82) und in den Einsturzschichten meh-

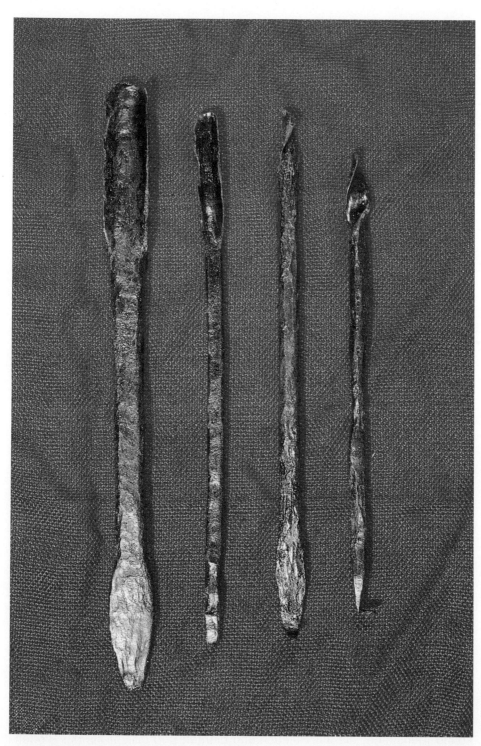

Abb. 82: Löffelbohrer und Spiralbohrer, um 1400

Abb. 83: Breite Hufeisen, um 1400

rere Stollenhufeisen der breiten Form (Abb. 83). Ferner fanden sich an anderen Stellen ein Bartschlüssel (Abb. 84) und ein Wetzstein für Messer (Abb. 85). Aus den Flußuferschichten stammen ein großes Kampfmesser (Abb. 86) und ein Messergriff aus Holz, eine große Sichel zum Schneiden des Getreides (Abb. 87) und ein sehr gut erhaltener Eisenrandbeschlag eines Holzspatens (Abb. 87). Auch eine Pfeilspitze mit langen Widerhaken für die Jagd wurde dort gefunden (Abb. 86). Aus der Altstadt stammt ein vor Jahrzehnten gefundener Bronzegrapen. Ein besonderes Stück ist eine kleine Gußform aus Schiefer zum Gießen eines spindelförmigen Metallstückes, das dann vermutlich zu Schmuck weiterverarbeitet wurde (Abb. 85).

Im Uferschlamm entdeckten wir zahlreiche Reste von einfach und zweifach gedrehten Baststricken (Abb. 89), die wohl mit der Fischerei in Zusammenhang stehen. Was die Fischerei betrifft, so haben wir zwei ganz charakteristische Fundobjekte für die Netzfischerei, nämlich Netzschwimmer aus Kiefernborke und Netzsenker aus grauem Ton (Abb. 90).

Sehr zahlreich waren im Uferschlamm Bruchstücke von Gegenständen aus Holz und Schuhreste aus Leder. Von den Holzfunden sollen hier nur die Holznägel und Pflöcke abgebildet werden (Abb. 91). Es gab unter den Holzfunden Brettchen von Daubenschüsseln (Abb. 92,1,2), ein grob zugeschnittenes Ruderblatt, Bruchstücke gedrechselter Schalen und in großen Mengen angekohlte Kienspäne, die zur Beleuchtung dienten und billiger als die Bienenwachskerzen waren.

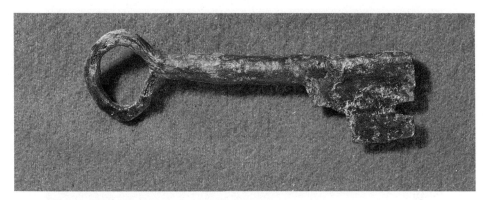

Abb. 84: Bartschlüssel, 13. Jh.

Abb. 85: Wetzstein und Gußform

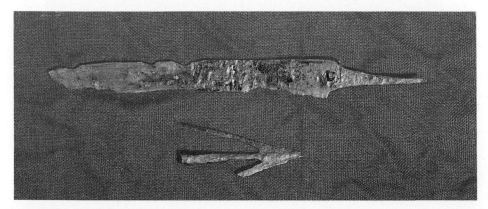

Abb. 86: Großes Messer und Pfeilspitze aus den Uferschichten, 13. Jh.

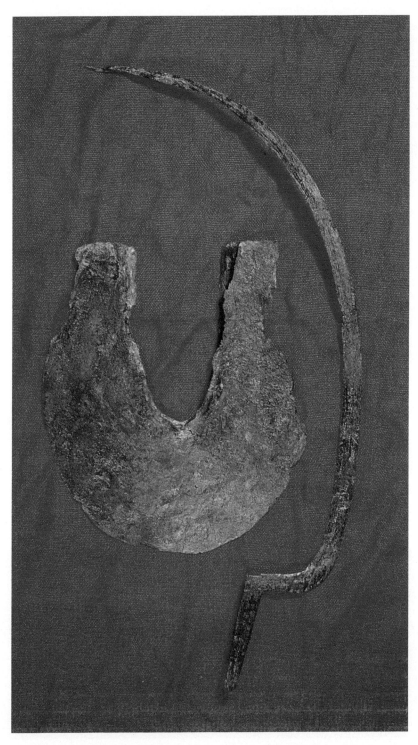

Abb. 87: Sichel und eiserner Beschlag für einen Holzspaten aus den Uferschichten

Abb. 88: Sichel und Holzspaten mit Beschlag aus dem Sachsenspiegel

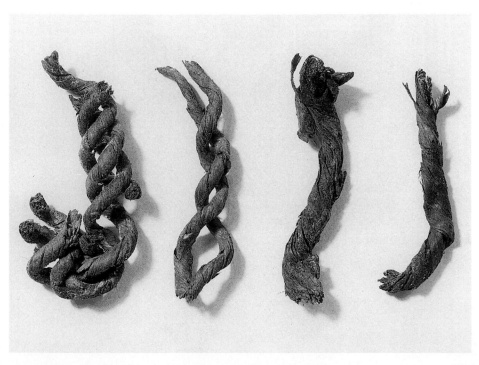

Abb. 89: Reste von Baststricken aus den Uferschichten, 13./14. Jh.

Abb. 90: Netzschwimmer aus Kiefernborke und runde Netzsenker aus Ton (vgl. Abb. 45)

Abb. 91: Holznägel und Pflöcke aus den Uferschichten, 13.-14. Jh.

Funde aus der Neuzeit

Die archäologische Forschung berücksichtigt erst seit den letzten Jahrzehnten auch Fundmaterial aus der Neuzeit und auch hierin war *R. Hoffmann* in den fünfziger Jahren bahnbrechend. Deshalb wollen wir die schönsten Stücke eines Fundes aus der Zeit um 1700 abbilden, den *R. Hoffmann* im Jahre 1960 bei Schachtungen am Block 5 der Baustelle Kanal-Süd aus einer Grube barg. Es handelte sich um Schüsseln, Töpfe und einen Spruchteller, der einen pfeiferauchenden Mann mit der unpassenden Umschrift „unser Vater im Himmelreich der du uns" zeigt (Abb. 93). Eine ganz ähnliche Zusammensetzung des Keramikgeschirres zeigte ein Kloakeninhalt, der 1989 im Stadtschloßbereich untersucht wurde. Im südöstlichen Teil des Stadtschlosses entdeckten wir nördlich einer Grundmauer einen kleinen gemauerten Kanal für das Trinkwasser und weiter südlich den oben bereits erwähnten Abwasserkanal mit einem Fangkasten aus Holz. Darüber führte eine Öffnung in die Wirtschaftsräume. Eines Tages muß wohl nun die königliche Tafel zusammengebrochen sein, denn der Fangkasten enthielt außer dem Schlamm große Mengen verschiedenster Glasgefäße (Abb. 94), darunter eine bemalte Schnapsflasche mit der Zahl 1697, gelb, braun und grün glasiertes Gebrauchsgeschirr an Töpfen (Abb. 95) und Pfannen, z.T. mit Grapenfüßen (Abb. 96), Salbengefäße aus Stein-

1

2

Abb. 92: 1 Boden einer Daubenschüssel und Wandbrettchen, 13.-14. Jh., 2 Rekonstruktion einer Daubenschüssel

zeug (Abb. 97), und bunt bemalte Bauernkeramik, darunter einen Teller mit dem sinnigen, heute noch gültigen Spruch „Gute Tage kosten viel Geld, Geld böse Liebe hält" (Abb. 98). Ferner fanden sich eine Tabakspfeife aus weißem Ton, Nachahmungen chinesischen Porzellans und ein kleines Glasgefäß, welches Quecksilber enthielt, das man seinerzeit als Heilmittel verwendete (Abb. 99).

Ein bedeutendes Zeitzeugnis zur jüngsten Geschichte fand sich im Schutt des zerstörten Palastes Barberini. Es handelt sich um eine Brakteatenpresse mit einem Erinnerungsbrakteaten an die Stadterhebung von Babelsberg im Jahre 1938 (Abb. 100,1,2). Neben dem schon 1375 erwähnten Neuendorf war ab 1750 die Weberkolonie Nowawes entstanden. Beide wurden 1907 vereint und 1924 zur Stadt Nowawes erhoben. Nach 1862 entstand die Villenkolonie Neubabelsberg, die dann 1938 mit Nowawes zur Stadt Babelsberg vereint wurde.

Abb. 93: Bauernkeramik aus der Potsdamer Altstadt, um 1700

Abb. 94: Bruchstücke von Weingläsern aus einer Kloake des Stadtschlosses, um 1697

Abb. 95: Henkeltöpfe aus der Kloake des Stadtschlosses

Abb. 96: Grapengefäße und Schüssel aus der Kloake des Stadtschlosses

Abb. 97: Salbengefäße. Steinzeug aus der Kloake des Stadtschlosses

Abb. 98: Bauernkeramik mit der Inschrift „Gute Tage kosten viel Geld, Geld böse Liebe hält" aus der Kloake des Stadtschlosses

Abb. 99: Tabakpfeife, kleine chinesische Vase (Mitte) und Glasgefäß mit Quecksilber (re) aus der Kloake des Stadtschlosses

1

2

Abb. 100: 1 Brakteatenpresse, 2 Erinnerungsbrakteat zur Stadterhebung von Babelsberg im Jahre 1938

Geschichte unter unseren Füßen

Während sich die historische Forschung schon seit dem 19. Jh. mit der Entstehung Potsdams beschäftigte, begann die archäologische Stadtkernforschung erst im August des Jahres 1911, als bei niedrigem Wasserstand die Reste des alten „Poztupimi" aus dem Wasser auftauchten. Damals reagierte die Stadtverwaltung sofort, vielleicht weil es eine enge Verbindung zwischen Stadtbauamt und Potsdamer Museumsverein in der Person von Stadtbaurat *Nigmann* gab, vielleicht aber auch, weil es damals für führende Vertreter der Stadt selbstverständlich war, sich unmittelbar für Fragen der Stadtgeschichte zu interessieren, denn auch Pfarrer *E. Handtmann* befleißigte sich exakter Berichterstattung, indem er für den Museumsverein eine zwölfseitige Zusammenfassung der Grabungsergebnisse schrieb, die uns glücklicherweise erhalten blieb.

Die seit dieser Zeit gewonnenen Erkenntnisse und Studien vor allem von *F. Bestehorn* und *R. Hoffmann* waren bei aller Unvollkommenheit richtungsweisend für die Erforschung der slawischen und der frühen deutschen Zeit. Sie eilten in Einzelfragen sogar der fachwissenschaftlichen Forschung um Jahrzehnte voraus. Fragen, die *R. Hoffmann* in den zwanziger und dreißiger Jahren stellte, Untersuchungen, die er damals begann und die von der Forschung zunächst nicht beachtet, ja sogar zurückgewiesen wurden, fanden ab den sechziger Jahren Beachtung und Anerkennung. Mit *F. Bestehorn* und *R. Hoffmann* aber endet in den sechziger Jahren die Erforschung der ältesten Stadtgeschichte durch Beauftragte der Stadt Potsdam.

Was ist uns an Grundlagen für die Erforschung der slawischen und mittelalterlichen Geschichte an Quellen im Boden verblieben? Betrachten wir einmal das engere Stadtgebiet, dann ist am besten der Bereich des slawischen Burgwalles erhalten, dessen Reste erst in einer Tiefe von 2,50 m beginnen und in 4 m Tiefe weit unter den Grundwasserspiegel reichen dürften. Es sei in diesem Zusammenhang noch einmal daran erinnert, daß *R. Hoffmann* natürlich nur kleine Bereiche des Fundplatzes untersuchte. Um den Wert dieses Objektes für die Stadt- und Landesgeschichte recht zu begreifen, sollte man nicht nur die urkundlich überlieferte Ersterwähnung des Jahres 993 berücksichtigen, sondern einen Vergleich wagen, der einleuchten dürfte.

Der erwähnte, im Untergrund um die Heiliggeistkirche erhaltene slawische Burgwall nahm hinsichtlich seiner Funktion und kulturgeschichtlichen Bedeutung für die Zeit des 9. bis 12. Jh. den gleichen Rang ein, den für das 17. bis 19. Jh. das Stadtschloß oder Sanssouci besaßen. Während uns Sanssouci mit all seinen Schätzen erhalten blieb, ist „Poztupimi" ein in der Erde verborgener großer Schatz, den es als ein Objekt der zukünftigen Forschung zu bewahren gilt.

Die Siedlungen und Gräberfelder nördlich und westlich des Burgwalles und auf dem Tornow sind weitgehend von Häusern und Straßen überbaut und von Versorgungsleitungen durchschnitten. Trotzdem ist erstaunlich, wieviel im

Boden erhalten ist. Der Bereich der mittelalterlichen Stadt zwischen den Hochhäusern im Osten, dem Platz der Einheit im Norden, dem Neuen Markt im Westen und der Havel im Süden ist durch die Bebauung im Verlauf der Jahrhunderte, durch die Zerstörung im zweiten Weltkrieg, die Enttrümmerung und den Wiederaufbau hinsichtlich seiner archäologischen Quellen am schwersten geschädigt. Hier sind nur wenige zusammenhängende Flächen und sozusagen kleine Restinseln von ungestörten Bodendenkmalen erhalten. Jeder Eingriff in den Boden sollte in diesem Bereich durch archäologische Untersuchungen begleitet werden. Im Bereich der Kietzstraße ist der Untergrund vermutlich noch am wenigsten gestört. Ein bereits gehobener „Schatz" sind die archäologischen Funde, Beobachtungen und Unterlagen, die *R. Hoffmann* in vielen Jahrzehnten mit geringen Mitteln und hohem persönlichen Einsatz sammelte. Ein reiches Erbe, das bisher ungenutzt blieb. Damit aber ist die Erforschung der ältesten Potsdamer Geschichte nicht abgeschlossen, sondern erst eingeleitet.

Literatur

Assing, H.: Neue Überlegungen zur Entstehung von Burg und Stadt Potsdam im 12./13. Jahrhundert. In: Märkische Heimat 2, 1983, 43 ff.

Assing, H.: Die Urkunde. Von der slawischen Siedlung zur Amtsstadt. Dunkel über der Stadtentwicklung. In: 1000 Jahre Potsdam. Das Buch zum Stadtjubiläum mit dem Festprogramm. Frankfurt/Main-Berlin 1992, 11 ff.

Bestehorn, F.: Deutsche Urgeschichte der Insel Potsdam. Potsdam o.J. (1936).

Corpus archäologischer Quellen zur Frühgeschichte auf dem Gebiet der Deutschen Demokratischen Republik (7. bis 12. Jahrhundert) hrsg. von *J. Herrmann* und *P. Donat.* 3. Lieferung. Berlin 1979, 280 ff.

Enders, L.: Historisches Ortslexikon für Brandenburg, T. 3: Havelland. Weimar 1972, 291 ff.

Fidicin, E.: Die Territorien der Mark Brandenburg, Bd. 2/1: Potsdam. Berlin 1858.

Fischer, R. E.: Die Ortsnamen des Havellandes. Weimar 1976, 186 ff.

Foerster, A.: Besuch der Römerschanze bei Potsdam. In: Brandenburgia 20, 1911/12, 217 ff.

Grebe, K.: Ausgrabungen am Alten Markt in Potsdam. In: Ausgrabungen und Funde 36, 1991, 86 ff.

Herrmann, J.: Die vor- und frühgeschichtlichen Burgwälle Groß-Berlins und des Bezirkes Potsdam. Berlin 1960, 182 f.

Herzog, Th.: Zur deutschen Herrschaftsbildung im südöstlichen Havelland. Diplomarbeit Potsdam 1988.

Hoffmann, R.: Grabungen und Funde im Potsdamer Havelland. In: Nachrichtenblatt für Deutsche Vorzeit 6, 1930, 138; 7, 1931, 206.

Hoffmann, R.: Ein tragischer Tod in der Quellzisterne. In: Germanenerbe 1939, 109 ff.

Hoffmann, R.: Berichte über die Stadtkernforschungen in Potsdam finden sich in: Märkische Heimat 1, 1956, 22 ff.; Ausgrabungen und Funde 1, 1956, 32 ff.; 3, 1958, 115 ff.; 6, 1961, 145 ff.; ferner ein Manuskript von 264 Seiten aus dem Jahre 1962 im Archiv des Brandenburgischen Landesmuseums für Ur- und Frühgeschichte, Potsdam.

Kramer, S.: Untersuchungen auf dem Gelände des ehemaligen Stadtschlosses in Potsdam. In: Ausgrabungen und Funde 5, 1960, 293 ff.

Krüger, B.: Der Kietz und die Burgfischergemeinde in Potsdam. In: Märkische Heimat, Sonderh. 2, 1961, 66 ff.

Krüger, B.: Die Kietzsiedlungen im nördlichen Mitteleuropa. Berlin 1962, 17 f.

Mahnkopf, J.: Entstehung und ältere Geschichte der havelländischen Städte. Rathenow 1933.

Plate, Ch.: Slawische Gräberfelder im Potsdamer Havelland. In: Veröffentlichungen des Museums für Ur- und Frühgeschichte Potsdam 10, 1976, 221 ff.

Potsdam und seine Umgebung. Werte der Deutschen Heimat 15, Berlin 1969, 16 ff.

Potsdam – Geschichte der Stadt in Wort und Bild, hrsg. von *M. Uhlemann* und *O. Rückert.* Berlin 1986.

Schäfer, K.: Potsdams tausendjährige Geschichte 928/29–1929. Berlin 1929.

Schäfer, K. H.: Märkischer Geldkurs, Preise und Löhne in früheren Jahrhunderten. In: Wichmann-Jahrbuch des Geschichtsvereins katholische Mark 1, 1930, 74 ff.

Schuchhardt, C.: Die Römerschanze bei Potsdam nach den Ausgrabungen 1908 und 1909. In: Praehistorische Zeitschrift 1, 1909, 209 ff.

Sello, G.: Potsdam und Sanssouci. Breslau 1888.

Abbildungsnachweis

D. Sommer: 2, 3.2, 4, 6, 8, 12–14, 15.1, 18, 21, 32–34, 36, 37, 40, 67, 70, 71, 76–87, 89–92.1, 93–100

K. Grebe: 55, 61, 64, 65, 69, 73–75

S. Gustavs: 3.1

R. Hoffmann: 5, 7.1, 46, 54, 63

M. Hepner: 7.2, 10, 52

H. D. Beyer: 15.2–4, 16, 17

K. Kossatz: 22

G. Wetzel: 26

Reproduktion: 19, 23, 28, 56, 58

B. Gramsch: 1

B. Fischer: 30, 50, 53, 62, 66

I. Borak: 9, 11, 20, 27, 35, 38, 41–45, 49, 57, 59, 60, 68, 72, 88, 92.2

B. Nagler: 24, 29, 48, 51

H. Halle: 31, 39

Für die Bereitstellung von Abbildungsvorlagen danken wir den Staatlichen Museen, Preußischer Kulturbesitz, Museum für Vor- und Frühgeschichte, Berlin (15,2–4, 16, 17), dem Landeshauptarchiv Sachsen-Anhalt, Magdeburg (22), Bayerische Staatsbibliothek, München (23), und dem Geheimen Staatsarchiv, Preußischer Kulturbesitz, Berlin (58).

Die Abbildungen 48, 1–3 wurden nach dem Artikel U. Fahrbach, Ch. Wieczorek, Schloß Dallau, Gemeinde Elztal, in: Denkmalpflege in Baden-Württemberg 21, 1992, 127 ff., umgezeichnet.